subculture

戏剧化的青春

COSPLAY

马中红 邱天娇 著

苏州大学出版社

U1020982

图书在版编目(CIP)数据

COSPLAY：戏剧化的青春 / 马中红，邱天娇著. —苏州：苏州大学出版社，2012.5
(新媒介与青年亚文化 / 马中红主编)
ISBN 978-7-5672-0025-8

Ⅰ.①C… Ⅱ.①马… ②邱… Ⅲ.①青年—亚文化—研究 Ⅳ.①C913.5

中国版本图书馆 CIP 数据核字(2012)第 070705 号

COSPLAY 戏剧化的青春

著　　者　马中红　邱天娇
丛书策划　沈海牧　李寿春
责任编辑　张　希
装帧设计　吴　钰
出版发行　苏州大学出版社
地　　址　苏州市十梓街 1 号
邮　　编　215006
电　　话　0512-65225020　65222617(传真)
网　　址　http://www.sudapress.com
印　　刷　南通印刷总厂有限公司
开　　本　700 mm×1 000 mm　1/16　印张 14.25　字数 179 千
版　　次　2012 年 5 月第 1 版
　　　　　2012 年 5 月第 1 次印刷
书　　号　ISBN 978-7-5672-0025-8
定　　价　28.00 元

版权所有　侵权必究

总序

青年亚文化作为一种普遍而又独特的文化现象，是人类社会文化结构中必然的不可或缺的组成部分。相对于主流文化，青年一代的文化以其青春性、多变性和挑战性的特性有别于位居社会主体的成人文化；而相对于基本认同主流价值的青年文化，青年亚文化则具有非主流、边缘性的“亚”文化或“次”文化特征。事实上，青年亚文化是一种世界性的青春文化现象，就其实质而言，它所反映的是成人世界与青春世界、父辈一代与子一代之间那种永恒的矛盾和张力关系。尽管在不同的时空语境下，这对关系往往以不同的方式表现出来，譬如反抗、冲突、偏离、协商、另类，等等，但是，它所呈现的那种青春期的迷惘、矛盾、寻觅冲动以及身份认同的困扰始终是青年亚文化的历史宿命，无论社会的意识形态如何统一和强大，这类青年亚文化或多或少总会以某些方式表现出来。

在中国现代文化史上，诸如“五四”青年文化运动、“一二·九”风暴，甚至红卫兵运动，都在一定程度和某个侧面显现了那个时代的青年亚文化症候。但就整体而言，一直到 20 世纪 80 年代之前，现代中国的青年文化更多的还是以认同和追随主流文化、成人文化的方式出现，那种典型的具有世界普遍性的青年亚文化现象并不突出。但是，伴随着改革开放和中国与世界文化的接轨，在短短 30 年的时间里，中国青年亚文化发生了巨大变化，时至今日，已经成了当代中国青年文化的重要组成部分。

如果说,20 世纪 80 年代初的青年亚文化从备受压制到浮出地表,在传统的媒介语境中以各种个性化的另类形象出现和发展,并得到社会的理解和宽容,主要是得益于经济体制转轨和思想解放运动,那么,进入 21 世纪的今天,青年亚文化的发展则在很大程度上有赖于以互联网为标志的信息技术革命,是突飞猛进的科学技术对青年日常生活的渗透和全球化的必然结果。如今,80 年代形成的第一波青年亚文化族群/类型已成为追忆中的昔日辉煌,而新媒介支持下的今日青年亚文化才刚刚拉开序幕。但令人震撼的是,新媒介对当今青年亚文化的影响,无论是在力度上还是在广度上都已远远超出了媒介技术的层面,进而关涉到当代中国青年亚文化特质的变异及其走向,故而特别引人瞩目。

一

从文化赖以生存的媒介和技术环境方面看,当下以互联网为核心的新媒介对社会文化生态的全方位渗透,开始明显地推动今日中国的整体文化向着开放、民主和文化多元的方向转变,同时整体文化的存在形态也在向“数字化生存”方向转向。新媒介不仅为传统文化类型的“转型”提供了广阔的空间,而且催生了一系列新的文化类型,其中,青年亚文化是最为突出的景观。当各种各样的“客”,例如博客、播客、闪客、换客等轮番上场,当各种“社区”“论坛”喧闹于网上,当 IM(即时通信工具)、SNS(社交网络服务)、微博备受青睐,当网上购物成为风潮,当“搜索”“自拍”“黑客”等所有这些网络技术和文化实践成为青年亚文化习以为常的社会参与及其表达方式时,青年群体正在演绎和展示着的,是一个完全不同于以往的“虚拟现实”。可以这么说,网络媒介为中国当代各种青年亚文化的外来接受,本土生成发展和迅速传播提供了前所未有的开放式、无边界、多媒介的物理空间和相对平等、自由、开放的精神空间。如今，新媒介已经成了中国青年亚文化生长的肥沃良田和迅猛扩张的异度空间，成为新型青年亚文化传播的利器和青年一代寻找志同道合者、建构文化族群和部落的文化场域。

网络媒介的全面立体覆盖、低廉成本及使用的便捷，使中国大量青年群体的日常行为和生活方式与网络媒介牢固地绑定在一起，网络成为了他们的“良师益友”和“亲密伙伴”，有的甚至发展到须臾不能离开。一项由美国互联网公司 IAC(Inter Active Corp)和智威汤逊(J. Walter Thompson)广告公司合作，用双语进行的调查研究发现，与美国青年相比较，中国青年更依赖于数字技术，有 80%的中国青年认为数字技术是自己生活的必要组成部分，其中 42%的人觉得自己“上网成瘾”，而美国青年中持这种想法的则分别为 68%和 18%。与此同时，该调查还发现，网络在中国青年人的社会生活和情感世界中扮演着极为重要的角色。77%的受访者说，他们通过网络交友；54%的人表示他们曾经通过网络即时信息进行约会；63%的人认为，两个人即使永不见面，也可能在网络上建立起真实的关系。而在美国青年人中，相信网络情感真实性的只占 21%。这一新的媒介语境及生存方式，的确为社会转型时代的中国青年亚文化的创建和发展提供了一个全新的生存空间和表现舞台，中国青年亚文化在经历了“文革”时期的“地下活动”和改革之初的“地表活动”之后，终于被媒介技术的推手带入了“无限活动”的新阶段。当下，青年亚文化作为被互联网率先激活的文化类型，已借助新媒介全方位启动了自身的文化建设，并且情不自禁地成为文化与技术深度联姻的实验产品。

而从青年亚文化自身的交流系统来看，一方面，新媒介正在历史性地改写着青年亚文化与主流文化之间的关系；另一方面，新媒介对青年亚文化构成要素的技术重组和创建，催生了新型的表达方式。

以伯明翰学派为代表的传统青年亚文化理论基本上是先验地预设了青年亚文化对主流文化的抵抗性和依存性的双重特性。譬如，科恩对伦敦东区工人阶级子弟的研究揭示，青年亚文化对工人阶级母体文化表现出表面的拒绝或反抗，却又有内在的依存和继承。威利斯对嬉皮士青年亚文化的研究表明，青年亚文化与中产阶级文化之间始终存在一种“结构性对立关系”。克拉克依据对特迪文化的深入研究也发现，“亚文化作为一种非官方的文化形式，拼贴所产生的亚文化风格的意义就必然处于和统治阶级意识形态相对立的地位”。诸如此类的“抵抗”观和“依存”观诞生于前互联网时代，研究的是现实世界中的青年亚文化实践活动，而以此观点来观照和解读新媒介时代的青年亚文化，难免捉襟见肘，力不从心。新媒介时代的青年亚文化，往往更长于表征似乎完全属于自我化或虚拟化的感性世界，而不是公然地“抵抗”现实间存在的文化形态，更不愿意与父辈或权威文化发生正面的“冲突”；它们不仅抹去了横亘在主流和非主流之间的森严界限，隔断了主体与现实之间的人文关注，而且有时候还经常颠倒真实与虚拟的逻辑关系，将真实虚拟化、虚拟真实化。

我们必须意识到的是，出生并成长于网络时代的青少年群体，天生就与网络、手机等新媒介结缘，他们通过新媒介接受的信息和文化远远多于传统主流渠道，如大众传播媒介、学校教育、父辈传承。传统主流渠道对他们精神成长的影响或许将日趋式微。与此同时，他们通过琳琅满目的新技术和新媒介产品，如 iPad、智能手机、微博、社交网络、视频分享网站、在线游戏等，畅通地传递着自己创造的文化，在信息传播、交友、玩耍和自我表达的世界中追求自治与认同。于是，青年亚文化的实践活动最终成为一种自我宣泄、自我表现、自我满足的技术方式和文化意义，网络媒介的开放性、无中心性消解了现实世界中权威、主流、父辈等对青年加以掌控的可能性，或者说，网络媒介为青年亚文化的生成、发展提供了最为自由、宽松的逃避主流文化压抑的“庇护所”。

在青年亚文化构成要素的技术重组和创建方面，网络媒介以“数据”“图像”“多媒介视频”的技术特质为基础，创建了一个互动、复制、仿真和拟像的世界，一个全然不同于以往的世界。正如鲍德里亚所言，在模型、符码、符号建构的类像世界里，模型和真实之间的差别被销蚀，形象与真实之间的界限被内爆，人们从前对真实的那种体验以及真实的基础也一起宣告消失。新媒介的技术特征正在将众多非自然的、非真实的事项、文化和意义成分引入赛博空间，并且运用超文本或者超媒介的技术，为青年亚文化与外部现实世界的断裂创造出了一种“自然”的表现空间，遮蔽了人与现实真实关系的呈现，促成了青年亚文化表达方式的图像化转型。如此，即使在中国这样一个传统文化与现代、后现代多元文化并存的国度里，人与其创造出来的各种社会文化意蕴之间，也同样不再是传统媒介时代那种明晰的主客关联关系，或文化符号与现实世界的直接对应关系了，而是更多地通过图像符号的表征系统去消解原有的话语体系，用多媒介符号去解构既存的文化类型和文化理念。

在这种社会和技术语境条件下，中国当代青年亚文化便以空前活跃的姿态走上了网络空间的前台，而使传统意义上的青年亚文化类型迅速移位于后台，蜕变成了所谓前新媒介时代的过气文化遗存。如果说，新媒介、新技术果真如麦克卢汉所说的那样“构成了社会机体的集体大手术”，那么，毫无疑问，青年群体是这种大手术的率先操刀者。他们张开双臂，热情扑向新媒介，并借助新媒介、新技术来创造出属于自身的新的文化样式，青年亚文化在以互联网为基础的新媒介的激发下，正在如火如荼地燃烧。

二

以互联网为主体的新媒介对青年亚文化发展的影响力比此前几乎所有的媒介都要广泛、深刻和迅捷得多——这不仅包括影响到青年亚文化的多样性和传播方式，也包括它所提供的亚文化文本的存在形式和功能模式，还有亚文化生存、生长的整个生态环境和文化语境，这些都促成了青年亚文化的盛行。

首先，借助网络媒介的快速成长和迅捷普及，青年亚文化已经从相对封闭的“小众团体”走向开放的“普泛化”的整体青年社会。以计算机网络为代表的数字媒介，从开发之初就预设了兼容和平权的机制，技术的“傻瓜化”强化了“网络世界人人平等”的可操控性，而友好的计算机界面和人性化的网络空间，模糊了现实社会中身份、性别、收入、学历所带来的多重差异，最大限度地吸纳青少年群体的加入，激发了社会不同阶层青年群体参与文化创造的热情，从而让亚文化从传统的另类、小团体模式中突围而出，成为青年群体共同参与、共同分享的文化。与此同时，网络、手机等新媒介的普及以及信息资费的低廉化趋势，冲破了青少年使用新媒介的经济壁垒，更提供了亚文化生产、传播和共享的“普泛化”和“即时性”的媒介工具。

这里所谓由“小众”走向“普泛”，其实质就是使青年亚文化的话语权回归青年本体，尤其是将青年的媒介话语权交还给青年阶层。长期以来，青年是被基于成人价值观和世界观所建构的成人文化话语来强行描述，而不是由青年自己的语言来编码的。比如，芝加哥学派关注的工人阶级青年亚文化，伯明翰学派聚焦的中产阶级青年亚文化，以及对中国 20 世纪 80 年代以来的摇滚和地下纪录片的研究等，这些青年亚文化的研究，尽管也突出了青少年边缘化的问题，但由于研究者基本上是来自于中产阶级的成人学者，因此，他们难免将青少年群体传奇化，并且忽略那些真正意义上的"普通孩子"，从而使青年亚文化生产和传播被不同程度地圈定在某个阶层或者某个文化小圈子之内。同时，由这些成人学者的话语出发，青年亚文化往往被贴上类似这样的流行标签：主流派、非主流派、危险人物，等等。然而，网络技术传播重构的新公共空间却能够向几乎所有的青年群体，甚至向游离于亚文化圈子之外的青年人群开启，从而确立了青年亚文化的普泛化存在和传播。尽管目前网络青年群体基本上还囿于"都市青年""知识青年"，但也不乏"低知分子"和"打工族"，可以说，网络媒介青年亚文化的普泛化趋势是青年亚文化的一大进步，也是青年群体文化创造力的一次解放。这种由青年群体广泛参与的青年亚文化的意义，还在于它削弱了传统媒介镜像下和主流意识形态话语中关于青年亚文化的"道德恐慌"评价和"妖魔化"的叙述，也溢出了基于意识形态对抗和阶级斗争理论而对青年亚文化的界说和肯定，它们在更大的程度上是通过新媒介技术而自我界定、自我指涉并直接呈现，从而具有更多属于青年亚文化主体的言说权利。而这一事实当然也"逼迫"着青年亚文化主体言说之外的亚文化理论进行调适和修正。

其次，青年群体通过熟谙地使用新的媒介技术为自身赢得了更为广阔和自由的"书写"空间。比如，网络媒介所特有的虚拟性和匿名性，就为青年亚文化提供了表达的自由通路，而自由表达则始终是青年亚文化得以生产和传播的基本前提，它可以使青年据此克服青春期的怯弱、羞涩、拘谨和不成熟忧虑，不忌惮来自成人世界的监视和压抑，充分自由地去表达自我。毫无疑问，是新媒介为青年亚文化插上了自由的翅膀，为亚文化充分地享受自由、表达自由提供了无人可阻挡的强劲动力和安全表达平台。

再次，青年亚文化通过新媒介技术的多媒介、多兼容、多互动的诸种特性，突破了传统亚文化风格的表达惯例，获得了更自如的、多样化的表达方式，从而形成了独特的青年亚文化风格。在新媒介中，那些新的技术呈现和表达方式，比如，媒介由语言文字符号、声音符号和影像符号向综合的数字符号转变，致使文化的表达突破了对单一媒介的依赖，实现了青年亚文化表征符号的“脱胎换骨”。传统意义上亚文化的“符号”，主要体现在青年们的衣着方式、独特的言行风格以及所喜欢的音乐类型等方面。如赫伯迪格笔下的朋克族，“额上的卷发和皮夹克、小羊皮软底男鞋和尖头皮鞋、橡胶底帆布鞋和帕卡雨衣、摩登族的平头和光头仔的步伐、紧身瘦腿和色彩鲜艳的袜子、紧身短夹克和笨重的街斗钉靴，这乱糟糟的一切物体能够既‘各就各位’，又显得‘不合时宜’，这多亏有了惊世骇俗的黏合剂——安全别针与塑料衣、既令人畏惧又让人着迷的缚皮带与绳索”。而当下的青年亚文化主体却压根并不希冀借助这些出格的外在“行头”来表达亚文化的“风格”和意义，他们更青睐于使用网络媒介所带来的新技术手段和技术装置去表情达意，而将真实的主体形象以匿名的方式掩藏在赛博空间里。除了通过风格化的音乐表达自我外，更多的技术和手段随着网络媒介的发展被不断开发和利用，如 Flash 动画、在线游戏、动态相册、多媒介视频软件以及 MSN、QQ 等在线聊天工具、Twitter 和微博、搜索技术等。掌握这些技术的青年人不再拘泥于某一种表达方式，而是杂糅了文字、图像、影像、声音等多媒介手段，轻松自如地参与到亚文化的生产和传播中。

最后，与上一点密切相关的是，青年亚文化的文化类型也迅疾由单一走向多元，致使基于网络新媒介技术的青年亚文化类型层出不穷、此消彼长。当下，网络媒介上盛行的自拍文化、恶搞文化、迷文化、搜索文化、黑客文化、御宅族文化、游戏文化、同人女文化、Cosplay 文化等，无不寄生于网络，活跃于网络。而掌握了新媒介技术的一代青年人甚至以网络技术为“武器”，在自我与成人世界之间筑起一道自我保护的“高墙”。这种通过技术壁垒逃避和主动隔绝主流意识形态以及成人世界的文化钳制，在虚拟“高墙”之内演绎别样人生的青年文化态势，只有在网络技术时代才得以成为现实。

另外，新媒介的发展也促成了青年亚文化传播方式的根本改变。其中最突出的，是由单向传播转换成多向交互式传播，由滞后性传播转换成即时性传播，除此之外，青年亚文化实践活动和文本内容的便捷上传、下载和在线生成，传播者和受众角色的合成及互为转换，虚拟空间与现实社会的互动聚合，均从物质、时间、空间、技术等多方面突破了原有的社会和技术性藩篱，真正在青年亚文化中间实现了几乎是无障碍的传播。

三

毫无疑问，上述新媒介语境下形成的青年亚文化的存在和传播方式，已经赋予青年亚文化崭新的文化实践意义，其中，最典型的莫过于青年亚文化“抵抗”精神的弱化乃至失落，以及亚文化自身多样化与娱乐化、全球化与消费主义的特质，这些导致青年亚文化步入极具后现代特征的“后亚文化”时代。

一如鲍德里亚、利奥塔、哈维等声称的那样，后现代文化的一个重要特征是资本在全球范围内更深层次的渗透和均质化。这些过程同时也产生了更进一步的文化碎裂、时空经验的改变以及经验、主体性和文化的新形式。换言之，网络媒介的无深度感、暂时性、分裂性和全球化特征，促使在其基础上生成和传播的青年亚文化不再可能抵抗任何单一的政治体系、主流阶级和成年文化，他们甚至不同程度地弱化了这一文化的某些“抵抗”的特质。因此，如果依然在反抗/抵抗的层面上去认识网络媒介下的青年亚文化，便显得圆凿方枘、扞格不通了，因为我们所处的世界早已发生“裂变”，二元对立和某一主流文化始终居高临下的观念也已被多元文化观念所取代。

我们看到，新媒介语境中的青年亚文化特质，在传统的“阶级”和“年龄”之外，其可变因素也呈现出空前的多元性和复杂性，诸如身体、性别、种族、民族、时尚、图像等关键词，不断进入当代青年亚文化的内核和意义场域。也就是说，新媒介催生出的青年亚文化已经不再单单囿于某种风格鲜明而固化的文化类型，相反，许多特征明显不同的青年亚文化类型共时性地陆续呈现，甚至此起彼伏，随着时间的流逝，它们不断出现、繁盛，进而消失，终而复始，生生不息。青年人也不再仅仅将自己执着地归属于某一种亚文化类型，他们经常从一种亚文化类型转向另一种亚文化类型，或者同时属于几种亚文化类型，实际上建立起了法国社会学家米歇尔·马菲索里所说的“新部落”，即社会群体之间的识别不再依赖于阶层、性别和宗教等传统的结构因素，消费方式成为个人创造当代社交以及小规模社会群体的新形式，“新部落没有我们熟悉的组织形式的硬性标准，它更多地是指一种气氛，一种意识状态，并且是通过促进外貌和‘形式’的生活方式来完美呈现的”。这种新社交方式鼓励个人以不同的角色、性别、身份自由地参与多个流动的、临时的、分散的而非固定的部落，从而在部落之间动态地、灵活地定位自我。

事实上，不同阶层、教育、社会环境中的青年人总是分属于各种明显不同的群体，他们在观念、价值观和意识形态上都有着极大的差异性、多样性和异质性。恰如有着中国和加拿大双重血统的学者卢克所指出的，在后现代时期成长的青年，“大约要经历 16 到 18 个不同的世界……这就像是在不同文本的海洋里航行一样。每一个文本都试图将你定位、出卖你、定义你”，这样的青年亚文化样本和青年亚文化族群，在网络媒介时代，不仅出现在传统的亚文化音乐生产中，也频繁出现在听觉和视觉技术，譬如电影、影像、电视、数码、广告、流行文化中，所有这些媒介生产及其产品都渗透和塑造了青年亚文化的面貌，从而勾勒出“万花筒”般的青年亚文化面貌，正如默克罗比所评述的那样，“对表层的关注越来越彰显，意义被炫示为一种有意为之的表层现象”。

在这样的情境下，“抵抗”既模糊了着力的对象，也失去了明确的方向，娱乐的特性则得以放大。网络文学由“寓教于乐”转向“自娱娱人”，网络视频聚焦重心由“艺术作品”转向“现场直录”，网络语言由“精致合规”转向“生造逗乐”，网络图像被技术率性 PS，甚至，一切传统、经典、权威、主流的话语、作品和表达都面临随时被颠覆和解构的命运。一代青年对待权威的方式并不是公然抵抗和反对，而是采用拼贴、戏仿、揶揄、反讽的手段对其尽情调侃和讥刺，同时获取自我愉悦和狂欢。恶搞亚文化是最典型的范例，而其他在新媒介平台上活跃的文化类型，也无不充满着这种自娱自乐和无厘头的色彩。尽管这种娱乐化的过程往往不可避免地指向空洞和无意义，但是，我们必须看到，其对所谓主流、经典、权威的解构，依然凸显出文化心理的意义向度，那就是释放激情、缓解焦虑、宣泄不满、寻找自我以及个体和群体身份的认同。也因此，或可以说，新媒介语境下的亚文化在弱化了抵抗色彩和精神的同时，将抵抗的意义稀释于娱乐化的表达之中。

新媒介语境下的青年亚文化除了具有弱化抵抗、多元发展自身文化和偏重娱乐化的特质外，还显现出向全球化与消费主义妥协的趋向。贝斯利认为，处在晚期资本主义之后的后工业化社会中，有两大特征影响青年亚文化的生长和传播，“一是被跨国公司而不是被单一国家影响和主导的消费社会，另一个是被信息技术、媒介和服务行业而不是被旧制造业赋予特征的全球化社会”。众多跨国组织，包括微软、苹果、可口可乐、时代华纳等跨国企业，世界银行、联合国等国际政府组织以及绿色和平等非政府组织(NGOs)都在带动全球化进程，使诸如全球市场、商品化、消费、互联网、国际时装等日渐互相关联，甚至可能转向全球通用。与此同时，多元文化之间的差别和冲突在全球化进程中非但没有被抹平，相反，其因为交流的便利而变得愈益突出。然而，明显悖论的是，被企业控制的新媒介技术同时为弱势群体和个人提供了成本低廉、方便易得的传播场所，给了他们表达自己声音的极大机会。在网络新媒介世界中，谷歌、百度、MSN，QQ，Twitter，人人网、豆瓣、优酷在全球资本、商业利益和中国经济市场化、开放化的驱动下，为持有一台电脑及上网设备的或拥有一台联网手机的所有青少年人群提供了原创或传播自身文化信息的可能。同时，众多跨国企业还处心积虑地将青年群体视为最完美的消费者，他们从市场缝隙、人口和心理特征、生活方式等全方位地对青少年加以细分，如叛逆者、“80后”、“90后”、网购族、冲浪迷、背包族等，并着眼于这些团体成员的多重文化身份、欲望需求及购买能力，有预谋地、积极地去培养他们特定的消费习惯和价值观念，从而建构起庞大的青少年消费市场。

今天的青少年更多是通过消费和市场层面而不是传统渠道，如家庭、组织、学校来发现他们的身份和价值。其中，最典型的莫过于跨国公司在他们持续不断的广告运动中将消费身份和消费观念以各种炫目的手法植入青少年的认知和价值观中，从而消弭青年人在种族、阶级和性别上的区别，取而代之以时尚的风格、新的性别角色、新的认同、新的文化实践、新的家庭格局和新的社会团体，等等。事实上，今天的青年亚文化通过互联网络等新媒介的确能够更容易地了解外部文化，全球化的趋势也模糊了他们建立在不同国家、阶层、地域乃至性别基础上的青年亚文化特征。如果无视这一变化，我们将很难深入而准确地把握当今青年亚文化的本质。

四

新媒介技术促成的当代青年亚文化的盛行，意味着青年亚文化身份的“与时俱进”。但需要继续追问的是，新媒介语境中的青年亚文化能否真正延伸成为与主流文化交相辉映、互生互长的文化类型？新的青年亚文化能否为全社会的文化整合、文化调节与文化优化提供良性因子，从而有助于社会在追求民主、和谐中健康前行？

在某种意义上，青年亚文化似乎总是作为社会主流文化中的一种不和谐音而为世人感知，作为一种偏离常规的乱象而令世人侧目。新媒介语境下的青年亚文化也是如此，它每每引发社会的“道德恐慌”，它往往印证着“娱乐至死”的担忧，它总是以个人主义的张狂稀释着各种集体性的凝聚力，它还可能在疏离、越轨、颠覆的行为中，破坏规范，陷入意义的虚无……所有这些，昭示着文化的断裂、社会的失序，也呼唤着文化的调整。但是，所有这些如果仅仅将其作为对青年亚文化的指控，那便忽略了一个富有积极意义的观察视角——将青年亚文化置于文化整体构成及其变迁之中加以观察。

一个显而易见的媒介文化图景是，新媒介点对点传播、传受互动乃至传受合一的特性，都可能使同质青年亚文化的呈现强度加大加密，又使不同类型青年亚文化之间的交流、相融、再生更加便利。如此，多样化的青年亚文化不但丰富了新媒介自身的信息内容，也促使传统媒介和主流文化无法忽视网络上众多的亚文化实践及其文化符号和文化意义。事实上，网络虚拟空间中的青年亚文化实践活动正在成为传统媒介跟踪、聚焦、报道的重要内容。青年亚文化已经陆续登堂入室，进入主流媒介视野，引发主流媒介关注。仅以近两年为例，人肉搜索、网络雷词、山寨春晚、贾君鹏事件、犀利哥等亚文化现象，无不是经由传统媒介介入传播后成为影响整个社会的文化事件。同时，这些亚文化事件得以传播，也拓宽了传统主流媒介的传播口径，从而拓展了主流文化关于民主和宽容的理念。

不仅如此，新媒介语境下的青年亚文化实践，可能激发对主流文化的重新审视，丰富其内蕴，甚至促成新的文化整合。年轻人出于对动漫、游戏和卡通的痴迷，自制道具和服装，扮演自己喜爱的人物。这本是一种私下的个体的娱乐活动，随着国家产业结构的调整，文化创意产业被提上议事日程，Cosplay 也因此被整合进动漫产业链中，成为重要的内容之一。可以说，新媒介为青年亚文化新的生存方式提供了可能，它们既在网络世界兴盛并影响主流媒介、主流社会、主流人群乃至主流意识形态，同时，也在与主流媒介和主流文化的协调整合中进入主流，壮大自身。更进一步而言，这实际上涉及未来文化的可能性，即青年亚文化为文化的未来发展提供最初的动力、灵感和实验。现在我们可以说，个人计算机的使用绝对是一种主流的技术文化，但是，许多人恐怕忘了，这一计算机文化却是肇始于乔布斯等人当年充满理想色彩的黑客亚文化实践。

正是在这样的意义上，自 2005 年起，我们高度而密切地关注新媒介语境下产生的一系列青年亚文化现象，并在 2008 年国家社科基金立项的基础上，对此展开全方位的理论和文化实践类型研究。本套丛书所收录的“迷”“恶搞”“黑客”“御宅”“拍客”“网游”及“Cosplay”仅是青年亚文化中最为活跃、影响颇大的几种类型而已，不足以代表所有的青年亚文化，但借此研究我们希望唤起主流社会和大众媒介、传播和文化研究的学者乃至全社会的高度重视，希望大家能抱着平等而非俯视、理解而非误解、尊重而非排斥的态度，与青年成为朋友，真正洞察他们之后，再因势利导，而非先入为主，树敌在先。青年是未来，谁赢得青年，谁就赢得未来。与此同时，我们也渴望这些亚文化实践的主体人群能从我们的研究中有所得益，能透过好玩、消遣、娱乐的表象，认识到自身的文化实践对于自我、群体以及社会的意义和影响，从而保持源源不断的创造性和先锋性，以青年群体特有的方式，积极构建与主流文化的沟通和对话，为我们这个时代的文化创造和转型提供更多元的文化资源，为开放的文化生态贡献力量。

本丛书发起之初即得到苏州大学出版社原总编辑、现任清华大学出版社总编辑吴培华先生的高度重视，他参与了提纲讨论、书名斟酌、初稿审议等多次会议，为尚处于边缘状态的青年亚文化研究提供了良好的平台。丛书得以顺利进行，还得到苏州大学出版社副总编辑沈海牧先生和项目负责人李寿春女士的鼎力支持，他们以编者和读者的双重视野不厌其烦地审读书稿，提出了良多宝贵的修订意见。

本丛书编撰过程中，我们还在研究生和本科生中发起、组织了围绕“新媒介与青年亚文化”的两个系列学术活动，即“亚文化沙龙”和“读书部落”，在《苏州日报》开设每月一版的“塔影对话”。这些活动得到了年轻学子和社会公众的热情回应。他们中的一部分人积极地参与了课题调研和资料收集，协助编撰者做了许多基础工作，并贡献了自身作为这些亚文化实践参与者的体验和认知，帮助我们走近了青年亚文化活动的主体人群，他们的热诚和对本丛书的厚望令人动力倍增。

在我们参加相关的学术会议时，“新媒介与青年亚文化”课题研究和本丛书得到了学界诸多前辈和同仁的支持，首都师范大学陶东风先生和胡疆峰博士、浙江大学吴飞先生、北京师范大学蒋原伦先生、华东师范大学陆扬先生等都给予了无私的鼓励、帮助和指点，使我们获益良多。

希望本丛书的出版能引起学界对媒介与青年亚文化研究的更多关注，使这一领域结出更丰硕的成果。

马中红

于苏州独墅湖畔

目录

Cosplay听似陌生，却与青少年的流行文化及日常生活有着千丝万缕的联系。Cosplay从日本漂洋过海，途经中国台湾、香港，最终来到中国大陆，很快便得到国内青少年们的积极认同，他们毫不吝啬地将时间、精力和金钱投注其上。

Cosplay的前世今生

Cosplay，对大多数人而言，是一个陌生的词汇。非但如此，与 Cosplay 相关的一系列词汇，比如 Coser、COS、CN、コスプレ(Cosplay 日文)、耽美、同人志，等等，同样是许多人不甚了解的新生词语。语言是意义的载体，当我们看不懂网络语言时，我们就无法了解网络文化的真谛；当我们读不懂稀奇古怪的“火星文”时，我们就无法理解“90 后”青少年的行为方式；当我们被 Cosplay 语言构成中混杂的中、英、日文所阻隔时，我们只能满脸困惑地被排斥在旁边。

那么，究竟什么是 Cosplay？

从释义的角度来看，Cosplay 是英文 Costume Play 的简略写法，Costume 的本义是戏服、戏装和扮演，Play 则是活动、游戏、场景的意思。日本人率先将 Costume 和 Play 合二为一，独创了 Cosplay 这一词语，用来特指真人对 ACG(Animation、Comic、Game，即动画、漫画、游戏)作品中的角色或人物进行扮演、模仿的游戏，简称 COS。

Cosplay 的中文译名主要有三个，即“服饰扮演”、“角色扮演”、“真人秀”，其中“角色扮演”的译名使用最为普遍。但很显然，比“角色扮演”一词使用更广泛更频繁的是不加译介地直接使用外来词“Cosplay”。非但 Cosplay 的参与者喜欢如此使用，与此相关的粉丝、ACG 大型活动的参与者也都习惯使用此词。参加角色扮演的玩家通常被称为“Coser”。Coser 一般会自制或购买角色的服装和道具，通过服饰、化妆、姿态、行为、语言等表现方式在现实的真实环境中重现那些自己喜爱的虚拟人物和角色。参与 Cosplay 活动时，他们不用自己的真名，而用 CN(Cosplay Name)。

从 Cosplay 先有外语形态、后有汉语的多义解释来看，这是一种地道的外来文化活动，是“舶来品”。从 Cosplay 语言构成的多元性来看，这是一种专属于青少年的文化活动。从 Cosplay

与动画、漫画、游戏的关系而言，这是一种附属性质的文化活动。问题是，舶来的文化、附属性的文化为什么能赢得国内青少年群体的青睐，并在短短的十多年中从二三知己好友的私下活动迅速成长，乃至蔚然大观？青少年的文化活动为什么能成为国家重点扶持的文化创意产业？Cosplay 究竟是一种怎样的文化实践活动？让我们翻开 Cosplay 短暂的历史画卷，去探个虚实。

从“米老鼠”到“看板娘”

毋庸置疑，Cosplay 角色扮演活动与动画有着天然而密切的联系。

17 世纪，一名德国耶稣会的教士、发明家阿塔纳斯·珂雪(Athanasius Kircher)发明了一种被称为“魔术幻灯”(The Magic Lantern)的小装置。阿塔纳斯是德国耶稣会的成员，在罗马学院任教和从事研究工作，精通细菌学、医学、声学、天文学、力学和色彩理论，对埃及学、地质学、音乐都深有研究。令人惊奇的是，阿塔纳斯对汉学也有浓厚的兴趣，他认为“中国人不是未知的野人，而是失落了的子女，他们应该重新被引回父亲(上帝)之家”。在那个时代，阿塔纳斯无疑是一个通才级的人物。

“魔术幻灯”是个铁箱，箱里面搁上一盏灯，箱子周边各开一个小洞，洞口覆盖上透镜。

“魔术幻灯”被后世认作是电影放映机的前身，阿塔纳斯在他 1671 年发表的著作中对这个装置作了详细的描写：“这个装置有一个转盘和一个观看系统，转盘上有许多小图像，通过一个透镜系统观看的人可以看到放大的图像。”[1]“魔术幻灯”是个铁箱，箱里面搁上一盏灯，箱子周边各开一个小洞，洞口覆盖上透镜。如果将一片绘有图案的玻璃放在透镜后面，在灯光的照

[1] 阿塔纳斯·珂雪.维基百科.http://zh.wikipedia.org/wiki/%E5%A5%91%E7%%88%BE%E5%AD%B8.

耀下，图案便会被投射在墙面上。令阿塔纳斯无法想象的是，这个小装置日后会成为制作动画以及电影的最初技术。

“魔术幻灯”自诞生起，魅力经久不衰。音乐厅、杂耍戏院、综艺场所中魔术灯的表演成为最受欢迎的娱乐节目，强大的需求推动了技术的改良和创新，历经几个世纪，“魔术幻灯”逐渐向“活动画景”(Panoramas)、“幻透镜”(Phenakistoscope)、“西洋镜”(Zoetrope)、“实用镜”(Praxinoscope)、“魔术画片”(Thaumatrope)、“手翻书”(Flip Look)、“照相术”等利用旋转画盘和视觉暂留原理所产生的各式新型装置发展，动画的雏形初步具备。

1906年，从事舞台杂耍和魔术表演，同时又是报纸专栏作家和插画家的美国人布莱克顿(J. Stuart Blackton)推出了名为《滑稽脸的幽默相》(The Humorous of Funny Faces)的短片。它被公认为全世界第一部动画影片。虽然此片只有5分钟，仅相当于如今电影的片头，内容也很简单，却开启了美国动画的历史。

美国动画片的黄金时代开始于20世纪20年代初，现今声震寰宇的以创始人姓名命名的华特·迪士尼公司于此时在动画制作的舞台上迅速崛起，正是迪士尼公司的出现，让美国动画在全世界声名鹊起。1928年，事业遭遇瓶颈的迪士尼在自家车库里偶然创作出一只活泼可爱的小老鼠，他亲切地称它为“米奇”。同年，迪士尼制作了第一部以“米奇”为主角的动画片《飞机迷》(Plane Crazy)以及第二部《飞奔的高卓人》(Gallopin' Gaucho)。随后，迪士尼又以“米奇”这只老鼠为主角，创作了世界上第一部有声动画《威利汽船》(Steamboat Willie)。当年11月18日，该片首播，在观众中引起巨大反响，好评如潮，可爱的小老鼠“米奇”成为人见人爱的动画形象。这让迪士尼重拾信心，致力于有声动画的创作和制作，在此后近40年的时间里，迪士尼和他公司的员工们不断地创作出大量动画作品，“唐老鸭”、“高飞狗”、“布鲁托”等，一个又一个古怪精灵、聪明可爱的角色，受到了不同年龄层次的观众的热爱，尤其是少年儿童的喜爱。可以毫不夸张地说，正是由于迪士尼作品的出现，才确立了美国动画的整体风格，华特·迪士尼也因此成为世界动画史上举足轻重的人物。

1955 年，“米老鼠”和它的伙伴们在全世界的风靡，促使迪士尼在美国加州创建了第一座以其公司生产的各种动画片的情节和场景为蓝本的“迪士尼乐园”。为了增加乐园的特色，吸引更多游客，迪士尼乐园安排工作人员穿上“米老鼠”、“唐老鸭”等片中动画角色的服装，游弋园内，摆出各种造型，逗孩子们玩，与游客合影。“真人秀”的扮演令游客仿佛进入了梦幻般的动画世界，流连忘返。这种扮演活动可称为当代最早的 Cosplay 活动，而那些工作人员在后人眼中也就成为了最早的 Coser。

迪士尼的“米老鼠”真人秀成了美国“迪士尼乐园”的招牌特色。尝到甜头后的华特·迪士尼，决定将扮演所需的服装和道具由手工制作改为流水线加工和制作，一方面可提高服饰的视觉效果，另一方面可以大批量生产，从而为全球范围内的每座迪士尼乐园都配备上一定数量的真人“米老鼠”。真人“米老鼠”扮演由此成为了“迪斯尼乐园”商业营销流程中不可或缺的一部分。

不过，真人“米老鼠”扮演虽然被视为是 Cosplay 最早的活动，体现了 Cosplay 的某些本质，但和眼下如火如荼的 Cosplay 活动相比，毕竟只是形似而神不似，两者不可同日而语。因此，大多数 Coser 达成的共识是，现代意义上的 Cosplay 虽然发端于美国的“米老鼠”，但作为文化活动的、真正意义上的 Cosplay 却是成长于动漫大国——日本。

早在 12 世纪，日本就出现了漫画雏形作品《鸟兽人物戏画》。19世纪初，出现了专门的漫画杂志。1917年，下川凹夫的《芋川掠三玄关·一番之卷》、北山清太郎的《猿蟹和战》、幸内纯一的《锅凹内名刁》面世，这是日本最早的三部动画作品，被称为日本动画的奠基作。其中，《芋川掠三玄关·一番之卷》被视为日本第一部动画片。这些作品的内容虽然现在已无从考证，但正是因为有了这些早期作品奠定的基础，动漫逐渐融入日本社会生活。期间，虽因战火蔓延而停滞发展过，但战后又重新回归正常，并逐步迈入成熟期，即为人称道的"日本新漫画时代"，其标志性作品是1947年漫画大师手冢治虫根据酒井七马的原作改编的作品《新宝岛》。

《芋川掠三玄关·一番之卷》，被视为日本第一部动画片。

《新宝岛》描写了一位名叫彼得的少年凭借一张寻宝图在大海上冒险的故事，因为当时的漫画流行用红纸包装，所以漫画又被称做"红皮书"。《新宝岛》在日本国内掀起了新时期漫画热潮。此后，许多漫画家在手冢治虫的启发和影响下创作出大量作品。与此同时，动画片也开始兴盛起来，漫画作品经改编被搬上电视屏幕，通过全方位的感官刺激向观众再现漫画的精彩。

当日本国内动漫和动画片风起云涌之时，美国"迪士尼乐园"特有的"真人秀"扮演形式作为商业营销推广方式传入日本。东风与西风相逢，便迎来Cosplay的春天。日本动漫爱好者张开双臂，热情地拥抱"真人秀"，将这种商业营销方式与他们所挚爱的动漫作品联系了起来。于是，迪士尼新颖别致的"真人秀"商业推广手段被改造成了言情达意的动漫角色扮演——Cosplay。真所谓："言之不足故长言之，长言之不足故嗟叹之；嗟叹之不足，不知手之舞之足之蹈之也。"在Cosplay出现之前，动漫爱好者表达自己对动漫作品的热爱之情，主要是通过大量阅读和观看、临摹作品，与同好交流谈论作品等方式进行，严格意义上来说，这些表达方式都是单向的、静止的、受限的。"真人秀"角色扮演打破了这些不足以传情达意的方式，拆除了横亘在动漫爱好者与心仪动漫角色之间的那些无形的时空之墙，让两者亲密接触，甚至合二为一，你中有我，我中有你。这该是多么激动人心啊！

据现有史料记载，日本最早的真人扮演活动大约出现于1955年。当时，两部著名的特摄剧《月光假面》和《少年杰特》正在电视台热播。“特摄剧”的全名是“特殊效果摄影”或“特殊技术摄影”，它的主要受众是少年儿童。“特摄剧”由真人演员穿上夸张的戏服，演绎儿童故事的剧情。最有代表性的日本特摄剧，就是中国观众耳熟能详的《奥特曼》系列。

“特摄剧”由真人演员穿上夸张的戏服，演绎儿童故事的剧情。

1955年，这两部特摄剧播出后，受到了观众的追捧。日本不少青少年纷纷在玩耍中扮演剧中人物，互相打闹。出于对特摄剧的热爱，有些人为了扮演得更像更具有趣味性，还尝试着自己动手制作剧中角色的服装和道具。尽管自己动手制作难度并不小，但他们依旧乐此不疲。

热爱和迷恋动漫作品，有自己狂热喜爱的动漫角色，乐于动手制作服装和道具，亲自扮演剧中人物——不是正规的舞台戏剧，也与商业经营无关。这种纯粹表达个人爱好，带有浓烈游戏色彩的行为被认为是角色扮演的本质属性，也是现代意义上的“真人秀”。1984年，日本动画家高桥伸之在美国洛杉矶召开的世界科幻年会上，用一个日式英语单词“Cosplay”来命名动漫迷们亲力亲为演绎动漫角色的扮装活动行为。至此，真人扮演有了统一的名称，确定了Cosplay文化活动的内涵。

特摄剧《月光假面》剧照。

20世纪70年代到80年代间，随着日本漫画、动画和游戏产业（ACG）的持续快速发展，Cosplay 渐渐从小范围的、私下的游戏成为被更多的人所认识和熟知的文化活动。即便如此，它依然是一种私人化的自娱自乐的游戏活动，是同好之间切磋交流动漫作品的另类方式，整个 20 世纪 80 年代，日本 ACG 界从未公开举办过一场独立的 Cosplay 活动，便是最好的佐证。与此同时，少量公开的 Cosplay 活动以依附于一些特殊的动漫活动，如“动漫展”和“动漫同人社团交流会”等方式出现，只为兴趣，不为谋利。一般而言，在日本这样的动漫大国，每个有影响的动漫展都能聚集起各色各样的漫迷，漫迷们也不客气地将动漫展视做他们自己的嘉年华，为了表达自己对漫画人物的喜爱，同时也为了展露自己的才能，漫迷们常常通过 Cosplay 这种新颖的、别具个性的形式参与到狂欢之中。

在“动漫同人社团交流会”上，各个动漫团体之间的交往，通常也以交换“同人志”作品为目的，鲜有其他动因。“同人志”一词源于日本，指的是对某事某物有着相同爱好的人聚集在一起共同创作的文艺著作。其中的“同人”，相当于汉语中的“同好”。而“同人社团”则在“同好”的基础上特指由对动漫作品具有共同爱好的人组成的社团，他们将各自创作的关于某些动漫的文艺作品集结成册，就是“同人志”。这些有关动漫的“同人志”通常是爱好者们集体出资印刷，不经商业出版社对外发行，只在同好之间销售流通。作为动漫产业大国的日本，优秀的动漫和游戏作品不计其数，围绕这些作品的衍生产品也多如牛毛，作为衍生产品之一的“同人志”做得尤其红火，同人社团也遍地开花。同人们渴望交流，“同人志”作品渴望传播，同人社团也渴望不断招募新兵，在互联网尚未普及的时候，“动漫同人社团交流会”便应运而生。

“同人社团交流会”，也被称做“同人志即售会”。可以想见的是，在这种特定的时空里，纷至沓来的同人社团，形形色色的同人作品，摩肩接踵的漫迷们挤爆了有限的空间，而期待在有限时间内推销社团同人志，吸引新人入团，如果没有杀手锏，谈何容易！由此，Cosplay在“同人社团交流会”上闪亮登场了！同人社团会派出会员，通过化妆打扮，扮演自己社团创作的同人作品中的人物，站在自己社团的摊位前，所起的作用相当于今天所说的POP广告，以吸引过往者的眼球，留住他们的脚步，甚至让这些同为漫迷的人们当场购买同人作品或加盟社团组织。值得一提的是，因为这些挑选出来扮演动漫角色的Coser大多数是社团中的女性成员，人们便亲切地称这些女性扮演者为“看板娘”。“看板娘”（日文为かんばんむすめ）原指漂亮的、具有招牌效果的女服务员，借用到“同人社团交流会”中专指女性Coser。

“看板娘”（日文为かんばんむすめ）原指漂亮的、具有招牌效果的女服务员，借用到“同人社团交流会”中专指女性Coser。

同人社团采用的“看板娘”的方式对同人志的推广、销售起到了令人刮目相看的效果，引发了众人的围观和拍照。“看板娘”——女性动漫角色扮演者以其独具的装扮魅力和新颖的活动方式吸引无数漫迷们参与进来，成为引爆公开独立的Cosplay活动热潮的药引子。从某种意义上来说，Coser是因为同人志而产生，但其受欢迎的程度远远盖过同人志本身。

日本动漫展上的“看板娘”。“看板娘”通常着“女仆”、“巫女”等特殊服装为各个摊位招徕顾客。与这些少女们合影留念也是会场上一大风景。

随着个人电脑的普及应用，Cosplay的存在方式发生了改变，它从个人的自娱自乐以及社团的小众活动，逐渐被卷入到文化产业的市场漩涡中。

20世纪80年代以来，日本游戏产业高速发展，各大游戏公司竞相开发各类新型游戏机种，创作了大量游戏产品，游戏市场竞争激烈。其中具有代表性的大公司有“世嘉”（SEGA）、“任天堂”（にんてんどう)和“索尼”(SONY)。这些公司为争夺游戏市场,宣传旗下的游戏机种,鼓励年轻人购买和消费他们的产品,经常不定期地举办大型游戏展,并采用当年迪士尼的真人秀模式,从动漫社团和游戏展中寻找青年男女,为他们量体裁衣,定做道具,COS公司的游戏作品角色,以此招徕消费者。当时首先采用这种形式的是世嘉公司,他们聘用那些在COS界已经小有知名度的Coser担任“公司官方角色扮演者”,为其游戏做宣传。

由此,“看板娘”不再是同人社团自我营销的手段,不再是静立在摊位前摆摆pose的POP,而由业余转为专业,由小规模的私人游戏转身成为大公司商业营销的利器。但是,我们也必须看到另外一方面,随着商业力量持续不断地介入,在无坚不摧的商业利益的刺激下,Cosplay在日本得到了超常规的发展。21世纪以来,互联网上惊现了许多Coser自制的、用以展示个人COS作品的网页,有的Coser甚至还制作了同人影集出售。一些知名的Coser被演艺事务所看中,经过重新包装后步入演艺界,开创自己的事业新天地。2003年,日本爱知电视台在名古屋举办了第一届汇聚世界各地Coser的“世界Cosplay峰会”(WCS),吸引了各国的众多Coser参赛,获得了广泛的注意力和影响力。可以说,各种有吸引力和影响力的赛事,使日本的Cosplay从ACG附属文化的地位中逐渐独立出来,成为一道可以与ACG媲美的华丽风景。

Cosplay的中国奇观

Cosplay风靡日本的同时,其璀璨光芒也悄悄照入了一衣带水的邻国。中国最早的Cosplay活动在资讯触觉敏锐的港台地区率先登场。

1993年，香港地区某个文化展览会中，有一个名叫“四百尺”的漫画同人团体租用摊位展示和售卖其团员的漫画作品，也是出于吸引参观者注意力的目的，团员们将自己打扮成日本漫画作品《银河英雄传说》中的人物，在售卖现场展演。这是迄今为止有资料记录的香港地区Cosplay第一例，其活动样式、动因和手段与日本同人志活动中的“看板娘”如出一辙。翌年，“四百尺”团体和另一个名为“UVRZ”的团体一起，再次于展览中扮演了《机动警察》等动漫作品中的角色。这样的扮演活动引发了众多同人社团的效仿，也促成了香港Cosplay风潮的流行。

正因为Cosplay人数渐增，影响日巨，香港漫画协会在1998年7月底至8月初举办了第一个专属于漫迷的动漫会展。这令无数漫迷接踵而至，Coser们不仅兴高采烈地扮演了动漫角色，还扮演了许多游戏角色。根据记载，这次会展中的Cosplay是香港有史以来最火爆的一次，给很多人留下了深刻而美好的印象。8月底，SE株式会社、TG坊和香港美术用品专业中心在旺角“麦花臣”室内运动场举办第一次“Comic World”，并且首次在会场内专门划分出一块“服饰装扮照相区”以方便参观者和Coser拍照留念。也是在这一年，香港举办了第一个公开而独立的Cosplay大赛，取名为“FUNFUN服饰扮装大赛”，摘取桂冠的是一位装扮成日本漫画《圣传》中“乾达婆王”的女生。接连不断的漫展，高潮迭起的Cosplay比赛，将香港的Cosplay文化活动推向了全社会关注的视野，香港人在街头巷尾热议，大学校园的“Event”聚会上Coser云集，而大众传媒则不遗余力地报道与Cosplay活动相关的信息。

特别值得一提的是，随着香港地区本土漫画的飞速发展，香港的Cosplay活动呈现出比较浓重的本地化倾向。Coser除了扮演日本ACG作品角色之外，《中华英雄》《龙虎门》等本地漫画中的角色也成为COS对象。拟人类扮演（拟人COS）也是最先在香港出现的。拟人类扮演突破了 Cosplay 在 ACG 领域的限制,将 Cosplay 带入一个无所不包的世界里。比如香港大学 Cosplay Party 中的“维基娘”(维基百科的拟人少女形象),第 23 届 Comic World(HK)中“九广铁路 SP1900 型电动列车”的拟人形象“千九公主”,第 24 届 Comic World(HK)里的“天星码头和皇后码头”的拟人形象“码头精灵”等,都是拟人扮演的代表作品。

香港动漫展会。人潮涌动的动漫展会,各个展台使出浑身解数展示和推销自家作品。

与香港地区相比,台湾地区 Cosplay 的发展更是洋洋大观,其势头直逼日本。据现有资料记载,1990 年之前,台湾地区已有 COS 活动,不过仅限于私下举办,属于小众圈内的共玩共赏性质,因此,被人所知的玩家寥寥无几。慢慢地,在一些同人志售卖会现场,非常有限的同人志作者开始拿出自己制作的服装和道具在会场中玩起 Cosplay。应该说,这一历史时期,台湾地区的 Cosplay 无论是人数规模还是影响力都极其有限。

台湾地区第一个公开的 Cosplay 活动出现在 1995 年高雄举办的“SEGA World”上。不过,当时参加的 Coser 人数依然很少,扮演对象以电玩游戏中的角色为主,自制的道具和服装也处于初级水平。但不能小觑的是,正是这次公开活动开启了台湾地区关于 Cosplay 活动的认知和理解,让一直处于自娱自乐的

台湾地区第一个公开的 Cosplay 活动出现在 1995 年高雄举办的“SEGA World”上。

Cosplay 活动走向前台，让模糊的 Coser 形象在漫迷心中逐渐清晰起来，从而引发青少年的追逐，在更大的社会范畴内赢得认同，甚至可以说，这次活动奠定了 Cosplay 在台湾地区的发展基础。

两年后，台湾地区举办了两年一度的漫迷活动“Comic World”(TW)。盛大的嘉年华式的大型漫展，为 Cosplay 活动搭建了更大的展示平台。但是，此时的 Cosplay 活动仍然依附于同人志，是少数人的游戏活动。不过，与香港地区略为不同的是，台湾地区的 Cosplay 活动中活跃着更多媒体的身影，大众媒体当仁不让地介入到了漫迷们自行组织的带有浓郁自娱自乐色彩的 Cosplay 活动中。比如，台湾卫视中文台的“电玩大观园”(后来转到纬来综合台更名为“电玩快打”)，这档节目原来以介绍电子游戏预告、技巧、比赛、展览和设计者访谈为主，但是因为 Cosplay 活动的风起云涌，栏目便应时地连续报道 Cosplay 活动，从而引发各大媒体和年轻人的关注。这是台湾地区大众媒体第一次关注 Cosplay，随后，Cosplay 常态地出现于各类媒体的聚光灯下。在媒体造势的影响下，Coser 人数迅猛增长，Cosplay 活动也脱离同人志会场，开始周转于规模和影响力更大的各种动漫会展和“同人志交流贩售会”中，包括台湾北部的“春日会展”、“秋日会展”、“夏日祭典”、“Comic World”(TW)，台湾南部的“The ACG Wonderland”，高雄的“SEGA World”，等等。

在台湾地区 Cosplay 活动的发展历程中，不得不提到的一个事件是 2004 年日本著名 Coser 樱庭时央的到访所引发的台湾 Coser 的极度关注和追捧。樱庭时央，日本女王级别的 Coser，在漫迷们心中拥有至高无上的地位。樱庭时央以扮演男性角色见长，以与原作相似度极高而被推崇，代表作品有《女神异闻录》中的樱庭时央，《饿狼传说》中的特瑞，《遥远时空中》的源赖忠等。Cosplay 大国的超级女星莅临，带来的不仅仅是围观和追捧，更是一股推动力量，给了众多 Coser 史无前例的自信和勇气。樱庭时央的中国台湾之行，影响还波及了中国香港和大陆地区。

日本著名 Coser 樱庭时央。中国 Coser 心目中的女王，以扮演男性角色出彩，但其扮演的女性角色也受到众人的追捧。

与港台地区相比，祖国大陆的 Cosplay 起步稍晚，但发展速度超常。究其原因，首先要归之于互联网媒介技术的迅猛发展和个人计算机的广泛普及。可以这么认为：如果没有互联网络，无论从 Cosplay 活动依存的 ACG 作品的交流，还是 Cosplay 活动信息的传递，都无法即时达成，而这恰恰是祖国大陆 Cosplay 发展的前提条件。众所周知，祖国大陆动画、漫画和游戏的原创力一直以来都是为人所诟病的，观众接触观看的大量 ACG 作品均来源于日本。因此，如果不能及时、公开地获取新创动漫和游戏作品，Cosplay 便成了无所依附之毛，就不可能得到迅捷发展。互联网络不仅提供在线观看和下载的功能，还提供网络商店供 ACG 爱好者购买自己喜爱的作品，而且与 ACG 相关的衍生产品，如玩具、道具、Cosplay 服装等也都出现在这些网上动漫商店里。

其次，Cosplay 在祖国大陆的迅速发展也得益于持续不断的改革开放政策和文化的多元化发展方向。Cosplay 的文化基础是日本动漫，铁臂阿童木、机器猫、圣斗士这些无数人青少年时代所接触和记忆的动画形象无一不是日本漫画界的产物。如果时光倒退几十年，无论是出于战争遗留的民族伤痛，还是政治和文化上的严控，日本动漫作品都很难进入祖国大陆市场。而如果没有大量可供观摩和模仿的舶来的作品，Cosplay 在祖国大陆的出现和发展都是不可想象的。

再次，近 20 年来，祖国大陆铺天盖地的城市化运动，促使越来越多的农村人口流入城市，城市青少年群体愈加庞大，娱乐休闲的需求与日俱增，这为 Cosplay 的盛行提供了参与主体和接受客体的最大可行性。也正因为此，祖国大陆的 Cosplay 跳过了日本和港台地区早期艰难起步的阶段，可以说，一起步，就迈入了一个比较高的境界；一亮相，就身手不凡。比如，祖国大陆的 Cosplay 不像日本和港台地区那样，经历了漫长的屈居于同人志会场或漫展会场的经历。尽管 Cosplay 活动始于何年现在没有确切的说法，但大多数人都认同 2000 年 8 月在广州举办的 Cosplay 大赛是第一届独立的 Cosplay 大赛。2001 年，华义公司(台湾)凭借其在祖国大陆网络游戏领域的影响力，以旗下主力游戏产品《石器时代》为名号，举办了“2001 年石器最佳 Cosplay 大赛”，借此，更多人见识到了 Cosplay 的魅力。2003 年，广州“YACA”动漫协会创立，这也是华南地区第一个诞生 Cosplay 的舞台。此后，广州每年都会定期举办动漫展会和 Cosplay 活动。在全国其他城市，北京、上海、杭州、长沙乃至一些周边的卫星城市，Cosplay 活动也办得风生水起，不亦乐乎。2005 年元旦，湖南长沙举办了该市第一个 Cosplay 聚会——长沙新春动漫游戏嘉年华。随着此起彼伏的 Cosplay 活动的举办，再加上成千上万的 COS 作品在网络媒体中传播，以及大众媒体的介入推广，祖国大陆的 Coser 人数逐年增多，Cosplay 被国内动漫迷们视为最精彩的活动之一。

Cosplay 的发展历程，始终与动漫有着割不断理还乱的错综复杂的关系。尤其是 2004 年以后，国家从产业政策结构调整的宏观目标出发，将原先榜上无名的文化创意产业列为政府重点支持发展的朝阳产业，这其中，无论是政策倾斜还是资金支持，天平都倒向了动漫创意和制作，动漫产业化被提上议事日程。2006 年，国务院批准了财政部等十部委《关于推动我国动漫产业发展的若干意见》，同意建立扶持动漫产业发展部际联席会议（简称联席会议）制度。《国家“十一五”时期文化发展规划纲要》中指出：“确定重点发展的文化产业门类，推动国家数字电影制作基地建设、国产动漫振兴工程、‘中华字库’工程等一批具有战略性、引导性和带动性的重大文化产业项目，在重点领域取得跨越式发展。”各大城市政府机构也纷纷响应，无论条件优劣，都开疆辟土，建立动漫创意产业园，主办动漫会展和动漫“嘉年华”，各地传媒文化机构和商家也闻风而动，积极组织各种规模的动漫产业会展，并将 Cosplay 赛事纳入其展示项目中。

根据活动规模、参与人数、持续性等考量指标，中国目前最主要的动漫赛事有：

“ChinaJoy 游戏动漫角色扮演嘉年华”，简称“ChinaJoy Cosplay 嘉年华”。这是由国家新闻出版总署、国家科学技术部、国家工业和信息化部等重要部委和上海市人民政府共同主办的，国家出版工作者协会游戏出版工作委员会、上海市新闻出版局和北京汉威信恒展览有限公司

ChinaJoy Cosplay 嘉年华。这是国内 Coser 心中的顶级赛事，能在此获奖是每个真正的 Coser 雄心勃勃的目标。

承办的“中国国际数码互动娱乐展览会”的下属项目，一年一次。从 2007 年起，“ChinaJoy Cosplay 嘉年华”还在全国开设了十个省市级分赛区。参赛者来自欧美、日韩、东南亚各国以及中国和中国台湾、香港地区。CJ 大赛也是 Coser 心中最重要的赛事。

“金龙奖 Cosplay 大赛”。这是由国家动漫游戏产业基地、中国动画学会支持，中国《漫友》杂志社主办的“金龙奖”(OACC)的有机组成部分，每年都围绕特定主题在海内外广泛征集参赛作品，2011 年的主题是“未来的你我”。

“生如夏花 Cosplay 全国大赛”。是国家文化部和上海市政府主办的“中国国际动漫游戏博览会”名下的常规性内容。“撕掉诗意雅致的蛋疼忧伤，擦亮石中剑、换件萝莉装、戴上腹黑镜、纹上北斗星、飘着蕾丝带、甩着呆毛发、蹬双木屐、背起圣衣上山下乡劳筋动骨，顶着草帽、燃烧银魂笑对初号机，摸摸大陆旁、要塞边的野生蒲公英，没人爆核也没人结印，在风中凌乱随波逐流的日和场景中，抽根拔芽、充满朝气、我自岿然不动。”这是该赛事 2011 年第七届 Cosplay 活动向 Coser 发出的颇有感召力的呼唤性文字，从中我们也能感受到扑面而来的 Cosplay 文化气息。

“17173 游戏动漫嘉年华 Cosplay 全国精英赛”。这是由国内网络游戏第一门户网站“17173.com”主办的大型 Cosplay 活动，正式出现于 2004 年，可以算得上是国内早期大型赛事的代表了。

除以上所举几大赛事以外，比较有影响力的 Cosplay 大赛还有电子工业出版社与北京文艺广播联合举办的中国动漫网名下的“金面具 Cosplay 盛典”，等等。这些重要的会展或赛事在很大程度上推进了中国 Cosplay 的发展，并赋予了 Cosplay 圈一个重要特点——“赛事化”。

中国Cosplay的另一个特点是南北方具有不同的Cosplay风格。这一方面与中国地域辽阔、文化差异显著、审美心理复杂有关，另一方面也与“赛事化”的特点有关。随着Cosplay赛事如火如荼的发展，国内一些零散的漫迷和Coser按地域聚集在一起，涌现出了大批漫画、同人社团，这其中，高校学生无疑是主力军。这些业余团体会建立自己相对稳定的Cosplay队伍，参与各级各类的Cosplay大赛，在激烈的比拼和竞争中提升自己的展演能力，其中胜出者通常成为一个地区或一个城市Cosplay水平的代表。比如始创于2001年、至今走过十个春秋、成绩斐然的杭州“304”动漫社团，2002年以四川美术学院“异人馆”漫画社和“MAGIC”漫画团体为基础成立的重庆“世纪诺亚”等。南北不同的文化分野，使大陆的Cosplay社团和赛事均呈现出相异的志趣，北方Cosplay(以北京作为代表)主要以舞台剧形式出现，融合歌舞、对白、音乐等元素，重视表现出Cosplay的艺术感。南方的Cosplay(以广州为代表)讲究服装、道具、妆容的精致和专业，表演形式以走秀为主，集中体现出Cosplay的时尚感。发展至今，南北Coser经常交流，互相取长补短，他们甚至还成立了诸如“白日公馆”这样的Cosplay联盟，致力于将国内优秀的、资深的Coser集结在一起，共同推动大陆Cosplay活动向前发展。

中国Cosplay活动还有一个明显的特点是COS对象的多样化。在日本和中国香港、台湾地区，包括祖国大陆早期的COS行为中，角色扮演的内容主要是原创的动漫作品。从中问题不可避免地出现了，一方面中国有着基数最大的Coser人群，另一方面中国的原创动漫作品恰恰又是高度匮乏的，而舶来的动漫作品非但数量有限，被广泛接受又值得COS的动漫内容更是屈指可数。也正是因为这些问题的存在，中国Cosplay不再拘泥于动漫游戏的小天地，而是跳将出来，把目光投向电影、电视剧、小说、神话故事等其他文化艺术门类，从中汲取资源，获得灵感。有些 Coser 甚至走得更远，他们选择以现实生活中著名的乐队成员、偶像明星为演绎对象。除此之外，Coser 也很乐意自创一些短小的故事，或对生活中常见的一些事物做拟人化处理，如古董拟人、国家拟人、二十四节气拟人等，先自己创作，然后再自己扮演。发展至今，可以说只要是 Coser 爱上或喜欢上的事物，无所不能地都可以用 Cosplay 的方式加以再现。我喜欢，我 COS，COS 内容无所不包。

我喜欢，我 COS，COS 内容无所不包。

总之，Cosplay 的含义在悄悄地变化，它不再是狭义意义上 ACG 角色的扮演，而成为了一种广义的“扮演”，一种新媒体驱使和承载下的游戏娱乐方式。

赛博空间中的 Cosplay

早期 Cosplay 是以何种方式被带入国内的？虽然我们知道 1998 年中国就举办了漫展，漫展上已出现了 Cosplay，2000 年有了第一例记录在案的 Cosplay 大赛，但由于资料匮乏，要回答这个问题并不容易。现在只能猜测，Cosplay 的引进，或许是通过人际传播的方式，或许是通过个别介绍日本动漫的杂志。而 Cosplay 被更多漫迷知晓、了解、接受，可以肯定地说，是在互联网络普及之后。

互联网络改变了我们的生存方式和社会文化形态，已经被无数事实证明，Cosplay 在国内的兴盛，只不过是为此增加了一个佐证而已。然而，互联网络等新媒体是如何缔造并左右了某种特别的文化实践活动，如何影响了它的生产和传播，却很容易被研究者所忽视。Cosplay 的发展历程，恰恰可以弥补这种不足，帮助我们见证一种私人化的、业余的爱好如何跨越国界、跨越民族、跨越文化，迅速成长为一种小众族群共同的文化活动，又是如何迅速成长为一种文化产业的。

众所周知，互联网络的美好之处除了使地球缩聚成“村庄”，带来极端丰富的信息和随时随地可以更新的人际交流外，更重要的是，它将信息传播中“权力的平衡”(麦奎尔[1])从传者一方转移到受者一方。网络普及使用，上网资费低廉，网络媒介社会化赋予受众更多信息选择的渠道。今天，我们既可以从传统媒体如《人民日报》获取各方新闻信息，也可以从新媒体如“微博”了解世事民情；既可以通过传统接收终端如家里固定摆放的电视机了解天下大事，也可以从随身携带的移动终端如移动电话、平板电脑等获取讯息；既可以静静地阅读信息，也可以参与信息的转发、评论、推荐，甚至还可以将自己身边发生的事情，随时随地发布在网络上与他人分享，从而参与信息的生产和传播。正是在这个意义上，可以说网络消解了权力，弥散了中心，信息的主导权由传授者转移到接受者，受者成为中心并拥有了部分媒介权力。

互动网络媒介产品的不断呈现，冲垮了我们固有的地缘社区疆界，将每个人都带入了一个全方位密切关联的数字虚拟世界中。赛博空间，让毫不相干、身处不同场域和空间的各色人等因为具有相同的经历、相似的爱好、相关的需求而聚集到一起，用虚拟社区的形式搭建了一个又一个“共同者”的家园。在网络上，个人拥有的现实身份消解于无形，更多的是顶着“××”爱好者的标签走到了一起。

互联网给予我们无数的“最熟悉的陌生人”，将彼此紧密地联系在一起。毫无疑问，国内 Cosplay 的普及与发展，受益于此。

---

〔1〕 丹尼斯·麦奎尔. 麦奎尔大众传播理论. 崔保国，李琨，译. 北京：清华大学出版社，2006:25.

网络给 Cosplay 文化的广泛传播与深度发展提供了坚实的基础。互联网的兴盛促使跨地域、跨国界、跨文化交流的日益频繁，日本动漫、游戏、电视、电影等面向青少年的文化产品，通过这条新兴渠道大量被介绍到国内。日本动漫作品早在 20 世纪 80 年代就在国内出现，主要的播出渠道是各省市级电视台。由于受版权限制，全国所有的电视台同播一部动画片是常有的事，因此收视率虽高，但被介绍进来的动漫作品数量极其有限。另一方面，长期以来，日本动漫作品在国内的传播渠道主要是地下盗版，有业内人士就曾经毫不客气地指出是日本盗版漫画培育了中国年轻的动漫消费者和创作者："没有盗版的日本漫画，就没有今天的本土原创，咱们等于把一个像好莱坞那么大的体系强制性地忽略了，现在很多电影学院的老师都在研究日本动漫，在应试教育下长大的我们这批孩子，所接受的一切东西都是按规定给你的，只有一个例外，那就是日本动漫。"[1]统计数据也显示，仅《画书大王》一本杂志，其所属的四川成都希望书店在 1993 年至 1994 年期间，通过盗版日本漫画就获利 3 亿元人民币。[2]

在网络媒介普及之前，盗版动漫的传播渠道主要是小型书店和动漫商店，互联网络的发展和打击盗版的双重因素，致使以出租和出售漫画书为主的传统经营者的货源逐渐枯竭，生意难以为继，因此网络漫画商店轻易地就取而代之了。由于网络商店的形式比实体书店所受限制较少，再加上网络上有大量漫画创作者上传的作品可免费下载，从而使分散的、个体的漫迷以网络动漫商店、动漫论坛、漫画群为方式，聚集在以省会城市和高校密集的大都市为核心的区域展开活动，同步分享各国各地区

---

〔1〕 蔡平．中国动漫不好玩．中国青年报，2004－09－01．

〔2〕 画书大王．百度百科．http：//baike.baidu.com/view/896424.htm．

各个城市的动漫作品及信息。

与此同时，因为互联网络的媒介作用，喜欢动漫和 Cosplay 的年轻人获取信息的可能性极大提高，获取信息的能力也与日俱增。通过网络他们可以轻易斩获最新、最快、最全的日本及其他国家及地区的文化产品和资讯。这些海量的作品信息，不仅滋养了众多漫迷，还是实现 Cosplay 活动最主要的母本来源，《火影忍者》《死亡笔记》《海贼王》这些在国内电视台看不到的原版动漫作品，在网络上可以找到相关的全部信息，包括漫画、动画、电影、小说等各种各样的版本。互联网还提供专门供网民在线浏览这些作品的网站或网页，如“枫雪动漫”、“动漫无限”等。因为电视播出的滞后性，对于《阴阳师》《大奥》这些最新的日剧，网络在线观看是国内青少年首选的方式。为了解决大部分漫迷可能遇到的语言障碍，互联网络上出现了漫迷自发组建的各种各样的“动漫字幕组”、“日剧字幕组”。字幕组的成员多为掌握日语的学生或上班族，他们出于自己的爱好，同时也为了让众多国内爱好者第一时间欣赏到最新的作品，便利用业余时间不计报酬地翻译这些作品，以加载中文字幕的方式完成转译，然后贴在网上，供人观赏和分享。

互联网络“四海为一家”、超越国界、即时互通的传播特性，为 Cosplay 社团展示自己、传播自己提供了低廉又巨大的平台。

通常，Cosplay 社团都会在互联网络上安营扎寨，建立自己的网站。社团网站既是社团存在的表征，又是形象推广和宣传的手段，一般都得到高度重视。在社团网站中，琳琅满目的社团成员 COS 作品贴图和介绍是最引人注目的内容，其次是社团长期或定期的招纳新成员的公告。除了在自己的网站上活动外，Cosplay 社团还会积极寻找专业的 Cosplay 论坛发布作品，寻找同好，为社团做宣传。像“白日公馆”就是通过在论坛上广发英雄帖，招募越来越多的人加盟后，才逐渐走上规模化、专业化的道路的。

Cosplay 论坛通常以分类的形式发布各类相关信息。如“Cosplay 王国”（http://www.cosplayzone.net）网站就由 CosplayZone、CosplayLife、CosplayZoo 三大版块内容构成，每个版块下面还设立琳琅满目的子栏目，按主题分类列出信息，以便发帖讨论和互动。如 CosplayZone 版块下除站务信息外，还列有专供发布各地漫展、摄影会、聚会活动等信息的“中央情报局”；为各种 Cosplay 活动发布“寻人启事”和招募帖的“众议院”；交流 COS 以外摄影作品和解决拍摄问题方面技术问题的“摄影家协会”；为动漫、游戏、艺能、人形等提供 COS 贴图的“国立美术馆”和提供 VR、LOLITTA、VR 原创、意识流 COS 贴图的“蝴蝶的墓地”等。“漫友 BBS 关 Cosplay 版”的“COS 情报”，“Cosplay8”网站的“赛事活动”、“Coser 自由交流区”等都是各种分类主题信息的集散地。

社团网站、网络 BBS、论坛、个人网页……这些 Cosplay 信息互通平台的出现，让 Coser 个体渐渐感到不是只有自己一人孤单地自娱自乐地在玩着角色扮演，而是和很多虽不相识但有着共同兴趣爱好的 COS 团体，甚至是一个潜隐着却很庞大的 COS 族群在一起。他们亲切地将这个团体和族群称为“圈子”，“我们的 Cosplay 圈”。在这个圈子里，有像太阳系一样引人瞩目的社团，也有如小行星这样默默无闻的个人，对 Cosplay 同样的热爱让他们跨越地域和国界，从四面八方汇聚到赛博空间的 Cosplay 虚拟社区中，找到志同道合的伙伴，找到灵魂和精神的归宿。Coser 自称：Cosplay 是鸦片，一旦沾染便欲罢不能。的确，与年龄和经历相仿的同伴一起参与 COS 过程，不断经历艰辛和痛苦，又不断收获喜悦和惊喜，还有什么比这更迷人的呢？Cosplay 作品还可以用图片和视频记录下来，贴到网上，那些精

Coser 自称：Cosplay 是鸦片，一旦沾染便欲罢不能。

致的服装、道具、化妆、表现形式，某个形神俱备的 pose，如果能得到圈内成员的认可、赞扬、羡慕，还有什么比这更给力的呢？而只要不断地有精美的 COS 作品呈现出来，就能赢得无数粉丝，并且被大家誉为“大手”、“大人”，在 COS 圈享有至高无尚的声誉和地位，还有什么比这更有成就感呢？

网络媒体将外面的精彩世界毫无保留地展现在青少年眼前，青少年则以自己的文化实践活动不断认同自身的存在，以丰硕的创新成果让网络世界充满勃勃生机，也让现实世界无法忽视他们的存在。

赛博空间孕育了以青少年为主角的COS族，他们对ACG非常着迷，爱入骨髓。为表达这份痴迷，在Cosplay的舞台上，他们选择隐身，而以自已喜爱的动漫角色的形象光彩亮相，从个人扮装到结团而行，从孤单摸索到分工合作，COS迷狂者们逐渐建构了一套纯熟的Cosplay游戏规则。

赛博空间的迷狂者

随着国内外青年文化产品和媒介消费热潮的涌动，青少年潜在的创造动力得到激发，此起彼伏的媒介文化产品如动漫、游戏、电影、电视、音乐等将他们深深裹挟，从分享到参与再到创造，形成了多姿多彩的青少年亚文化现象。Cosplay 就是青少年表达自己对 ACG 作品狂热喜爱的一种创造性的文化实践活动。

从事 Cosplay 扮演的人群以青少年群体为主，尤以家庭背景良好、经济条件相对宽裕，生活在繁华大城市，从小接触和喜欢日本动漫，有着较为开阔的文化视野的大学生群体为核心。他们选择 Cosplay 这种充满挑战性、新颖别致、富有个性化，但同时又是非常“烧钱”的方式表达对动漫的挚爱。他们享受自己设计、制作服装和道具的过程，乐于将自己的 COS 成果通过动漫会展、互联网络论坛加以展示，掌声和赞美是对他们最高的褒奖。他们将自己真实的姓名和身份藏匿在 Cosplay 艺名和光辉炫目的角色之下，乐此不疲。在 Cosplay 的世界中，他们有自己的语言风格、文本样式、传播方式以及游戏规则，创造了属于自己的特有的文化产品。

在 Cosplay 的世界中，他们有自己的语言风格、文本样式、传播方式以及游戏规则，创造了属于自己的特有的文化产品。

谁在 COS：动漫迷群

当我们在各大动漫会展和 Cosplay 嘉年华上流连忘返，或游弋浮沉于网络世界中各种 Cosplay 的论坛时，在我们视野内的活跃跳动的 Cosplay 景观的制造者们，蒸腾着一股浓烈的挥之不去的青春气息，他们有的带着笑容，有的带着鬼脸，有的浓妆艳抹，有的精致淡雅，有的洋溢着异国情调，有的流泻着旧时情怀，在妆容之下，我们看见的是一张张洋溢着青春光彩的脸庞。的确，是青少年们创造了 Cosplay 这场华丽的戏剧，他们是导演，他们是演员，他们是制片，没有他们就没有 Cosplay。在此意义上，可以说 Cosplay 是青少年的游戏，是青少年的文化实践活动，与他们的父辈无关。

青春是 Cosplay 名片共同的底色，但是，这个群体真的如想象般那样规整合一、毫无差异吗？事实并非如此。当我们试图进一步探求时，Coser 真实身份的隐匿性又为我们深入了解这个群体增加了难度。

Coser 的角色扮演，无论是现场公开的表演，还是私下的自娱自乐，他们的角色造型最终都会以图片和影像的方式保留下来。在公开表演中，角色造型会毫无保留地展演在观众面前，供人围观，供人欣赏，供人拍摄。私下表演时也是如此，他们以自拍或互拍的方式记录自己 COS 的最终成果。一个 Coser，能被人们记住，通常只有两种方式，一是以扮演的角色成名，如日本著名 Coser 樱庭时央，但这只是一个角色的名字，人们甚至不知道她的真实姓名；二是以 COS 名著称，如黄山、河童等。这些名字，是他们在网络虚拟世界、在 COS 天地里使用的"艺名"。他们与真实世界相关的信息并不重要，他们的姓名、年龄、受教育程度、经济状况，甚至性别等个人资料，在公众面前绝对是个谜，而绝大多数同为 COS 圈的人也不关心、不在乎哪些是真实的，哪些是虚拟的。Coser 存在于现实生活中，但在 COS 中，他们又摈弃现实身份，而采用一个虚拟的身份到处活动，这使得他们的现实身份倒仿佛是社会学意义上的一个"角色扮演"了。

对 Coser 身份的困惑，不仅是因为身处圈外，雾遮云断，难以瞧仔细。即使身处其中，Cosplay 族群成员们也会像圈外人那般困惑，他们经常表达出对本群成员年龄段的好奇："大家都是什么年龄的人啊，都是年轻人吗？""玩 COS 的一般多大啊？""'85 后'还在玩 COS，我是老人了么？呜呜。"诸如此类的发问和征询经常会出现在各种 Cosplay 论坛中。

“多大年龄的人在玩 COS”于是成了一问。在笔者研究过程中，通过对线上发帖内容和 COS 族群成员的观察，并结合线上访谈、参与线下活动等方式，考察所得的结果是：Cosplay 族群成员主力军年龄在 15～26 岁，尤以 16～24 岁的青少年和青年群体为主。

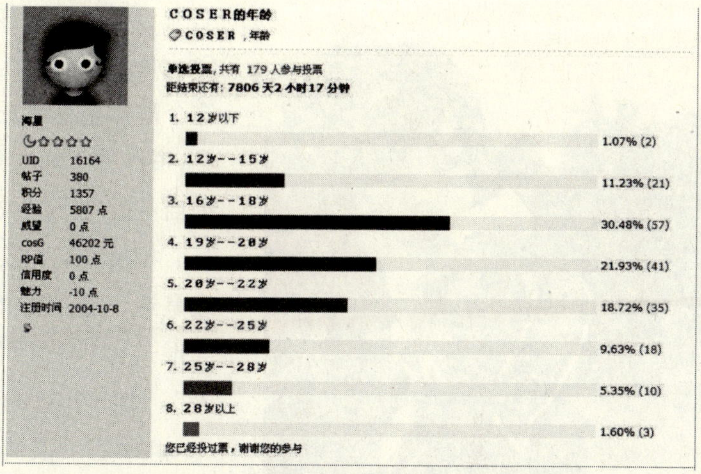

Coser 年龄调查帖。由参与式观察与研究得知，Coser 以 16～23 岁的青少年为主要群体。

近年来，随着 Cosplay 活动的广受欢迎，玩家年龄逐年呈下行趋势，“低龄化”现象初显。2010 年 10 月，由 AA 国际动漫主办的“首届儿童 Cosplay 影秀大赛”[1]在济南举行。此活动前后跨时一个月，采用网络评选的方式。在为数众多的儿童和成年人参与投票的情况下，六位儿童 Cosplay 小达人胜出。小朋友们的 COS 水平虽然不甚专业，但这样的组织和参评方式，也意味着 Cosplay 在年龄层面上广泛的覆盖性。在互联网络的各种论坛版块中，常常能见到一些十二三岁的小学生和初中生加入到 Cosplay 话题的讨论中。低龄层 COS 玩家的出现，一方面为 COS 族群增添了新生力量，使其人口基数不断增长，另一方面也引起了部分成员们的担心：“这么小，他们懂怎么 COS 么？”“他们的父母们支持么？”“COS 毕竟还是年长一点玩比较好

〔1〕 首届儿童 Cosplay 新秀大赛颁奖仪式昨日举行. http://www.aadongman.com/html/news/939.html.

Coser 十夜。以扮演动漫中美少年见长的高人气 Coser。

吧”；等等。这些非议和担忧来自 Cosplay 群体成员们，表明他们自身对这个群体整体素质的高度关注，由此可见，资深的 Coser 是非常注意规正和维护自身的“圈子”文化的。

相反，24 岁以上的 Coser 俨然就已经是这个族群中的“前辈”了。成员们会很亲切地称他们为“大手”或是“大人”。他们中的大多数人与国内 Cosplay 的发展同步成长，COS 经验丰富，亲身参与并见证了 Cosplay 文化前行的每一步，对 Cosplay 文化有着自己的理解，洞悉 Cosplay 的现状和未来走向。这个年龄段的成员之中不乏 Cosplay“名家”、“大手”，比如河童、黄山、十夜等。

被誉为“COS 文化的行吟诗人”的河童[1]，多才多艺，能自如地扮演性格跨度很大的各种角色，像《海贼王》里乐观开朗的“路飞”、《棋魂》里冷静智慧的“藤原佐为”、《王的男人》中优柔愁美的“孔吉”，等等。他喜欢在扮演的作品中加入自创的诗词，以画龙点睛的笔法将人物故事的内涵完整地表现出来，因此他的 COS 作品以文学意境和风格鲜明而闻名。

黄山则以极其华丽精致的风格、丰富的想象力、专业的态度和丰厚的 COS 及原创作品，获得了“中国 Cosplay 皇帝”之美称。黄山有成百上千的追捧者，知名度甚至突破疆域界限，远播

〔1〕 Coser 河童. 百度百科. http://baike.baidu.com/view/509.html.

日本、韩国、泰国等东南亚各地，被视为与日本的椎名朔哉、韩国的千夏齐名的中国 Coser 代表。黄山不仅拥有自己个人作品的集合《溯时》《浮岚》两本画册，还有原创漫画作品《画夜》和合作的小说《隐姿梦咄》等，他还形成了自己华丽精致的 COS 风格，被称为"黄山美学"、"黄山流"[1]。

现在，河童除了 Coser 身份外，还以评委或嘉宾的身份出席各种 Cosplay 大赛。他加盟黄山创办的"御座工作室"，一起从事原创动漫画的创作。Coser 岚陵萧萧声，在 COS 的同时也担任着各种颇具分量的 Cosplay 节目、活动的编辑和主持，比如担任南宁电视台影视娱乐频道的《动漫开 MIC》的嘉宾主持，主持法国 SIANA 国际数字艺术动漫周中国大学生 Cosplay 大赛等。他们都在为自己钟爱的 Cosplay 不停地努力着，他们被 Cosplay 圈子视为骄傲和精神领袖。

与低龄初涉和大龄资深的 Coser 相比，Cosplay 更庞大的队伍是由 16～24 岁年龄段，以高中生和大学生群体为主的成员组成的。这一年龄段是人生最美好最生机勃勃的时光，精力充沛，活力四射，有着丰富的想象力和创造力。尽管学校里有繁重的课业和接二连三的考试，有许多不想做而不得不做的事情，也有不断的屈从和压抑，但什么也不能阻挡他们对未来展开想象的翅膀，以满心的欢喜去拥抱新的事物，甚至是尝试被父母和学校禁止的种种"不许"。除了上课和完成作业的学习时间外，在学校、在家中，他们依然拥有属于自己的休闲时间。同时由于自控性的缺乏，学习和休闲两者之间没有固定的划分，常常出现休闲时间对学习时间的僭越。萨拉·桑顿一针见血地指出休闲对于青少年亚文化的意义："年轻人，无论来自哪个阶级，经常拒绝工作世界的责任和身份，而是把注意力、时间和金钱放在休闲上。……他

[1] Coser 黄山.搜搜百科.http://baike.soso.com/v794439.htm.

们从休闲中获得自尊。”[1]Cosplay 凝聚了青少年的喜爱和迷恋，以扮演的方式蜿蜒曲折地传达出了他们关于世界、人生、社会以及自我的看法，是一种特定的青少年亚文化实践活动。

这个年龄段的青少年，出生于改革开放之初，成长于中国经济腾飞、社会开放之时，他们仿佛与生俱来地与世界文化和新媒介技术文化融为一体，整个成长过程浸泡在与他们的父辈差异极大甚至严重区隔的文化传播语境中。新的媒体技术，如互联网络、手机、平板电脑等不仅让他们更方便更容易地接触外面的世界，了解外面的世界，使他们的文化视野和心胸变得开阔；而且使他们更为积极地参与到文化创造的洪流中。今天诸多那些林林总总的新文化类型，如流行音乐、街头热舞、青春文学、恶搞作品、自拍……这些由年轻人参与的文化不是已经成为现代社会总体文化中跨疆界、跨文化的一道混杂的、流动的、青春的汹涌流淌的亚文化河流了吗？

幼时看动漫书、看动画片，长大了依然舍不得扔下动漫。

在这一过程中，Coser 共同的文化经历是个人在成长过程中与日本动漫所结下的浓厚情缘，幼时看动漫书、看动画片，长大了依然舍不得扔下动漫。可以说，国内没有一位 Coser 可以摆脱这种深广的影响，以下是几位 Coser 在接受访谈时的实录[2]：

“小时候住老师家，很无聊，除了做作业就是做作业。住在老师家，是因为我爸爸那个时候忙，他是事业刚起步，很辛苦，没时间管我。住奶奶家不方便，老人很好说话，怕孩子被溺爱，就住老师家。我一直很听话，后来看漫画，觉

〔1〕 萨拉·桑顿．亚文化资本的社会逻辑//亚文化读本．李建军，译．北京：北京大学出版社，2011：363.

〔2〕 陈璐．反抗之死——一项关于 Cosplay 亚文化群体秩序变迁的考察[D]．北京大学社会学专业硕士论文，2007.

得要有一些个性才有意思，然后接触动漫，就喜欢上了。因为我眼睛不好，看书很吃力，我就喜欢看插图，就喜欢图画，因为我一个同学画漫画，我就喜欢漫画，到现在，一直希望有一个动漫一样的活动，但我不知道以什么形式出现……然后六年级的时候，知道有动漫展，去参加后知道有日本Cosplay，我就一直想要扮。"

"成长历程……其实我性格很孤僻，不太讲话，但不知道为什么朋友这么多，小学两年级看我姐姐画画，然后跟着画了十几年，然后看书啊，看动画啊，看碟片啊，然后自己搞搞配音啊，Cosplay 啊。"

"看动画，从很小的时候看动画，长大了有段时间追明星。后来就没什么兴趣了，还是回到看漫画动画，很多都围绕着动画漫画，一直到现在，以后也会的。"

"很小的时候就接触动漫了，只是那时候不是太热衷，后来就喜欢上漫画，一直到现在，玩 COS 了，就更喜欢。"

日本动漫产业对全球青少年的影响无远弗届，目前全球播放的动画节目约有 60％是日本制作的。就中国国内而言，有数据显示，在青少年喜爱的动漫作品中，产自日本的占 60％以上[1]。1979 年，日本动漫的急先锋"阿童木"(Atom)作为卡西欧电子琴的形象大使率先来到中国，随后日本漫画大师手冢治虫的动画片《铁臂阿童木》在中央电视台放映。《铁臂阿童木》一

〔1〕 全球播放动漫 60％来自日本 中国离动漫强国还有多远．文汇报，2009－5－8.

共 52 集，讲述了一个拥有“7 大神力，10 万马力”的小机器人“阿童木”和人类之间各种交流以及和恶势力斗争的故事。与此同时，上海人民出版社出版了《铁臂阿童木》的同名漫画集。这是中国第一次出版日本动漫书刊。从此，阿童木所代表的日本动漫便轻而易举地俘获了中国孩子们的注意力，增补了他们的阅读和观看的空白，且随着更多的日本动漫作品被合法或不合法地介绍进来，日本动漫及其文化便不可避免地占据了青少年的心灵。

16～24 岁的青少年作为 Cosplay 的主力群体，拥有接受日本动漫的共同体验：

首先，他们受到相似动漫作品的熏陶，留下丰富的集体记忆。1983 年改编自漫画的日本电视剧《排球女将》在国内上映，引起轰动，盛况空前。这部电视剧甚至引发了国内体育励志的风潮，主角“小鹿纯子”也成为运动女生的代名词。第二年，广东电视台连续引进《花仙子》《三千里寻母记》和《尼尔斯骑鹅旅行记》三部动画片，上海电视台引进《聪明的一休》，每一部片子在播出后，都获得了极高的收视率和广泛的影响力。《机器猫》和《圣斗士星矢》于 1991 年在国内电视台播出，同样受到超乎寻常的热烈追捧，影响深远。在调查中发现，后两部动画片是为数不少的青少年热爱动漫创作的启蒙作品。此后，每年引进、出版和在电视台播出的优秀动画片接连不断，如《樱桃小丸子》《灌篮高手》《名侦探柯南》等，这些优秀动漫作品，犹如一把又一把的烈焰，把青少年对动漫作品的热情激发得越来越旺。被称为日本动漫

动漫作品《花仙子》。这个金黄头发的可爱小妞曾是“80 后”心中最完美理想的少女形象。

界“黑泽明”的宫崎骏，给日本动漫的风格带来了由科技向人文情感的重要转型，并且凭借其大量脍炙人口的作品，被奉为当代日本的动漫大师。他和他的工作室“吉卜力”也被国内动漫爱好者视为“经典动漫的摇篮”，《千与千寻》《幽灵公主》《龙猫》《哈维尔的移动城堡》，均以其惊人的想象力和丰富的情感折服了许许多多中国的动漫迷们。直到今天，“80 后”、“90 后”的漫迷们依然能清晰地记起这些作品的剧情，能一字不漏地哼唱剧中的插曲，“圣斗士星矢”、“花仙子”、“机器猫”，几乎成了那个时代青年人的集体记忆。那时候，大家都希望身边有只可爱的机器猫，在最困难的时候用各种稀奇古怪的方式帮助自己。男孩子们都想做圣斗士，过五关斩六将，最终骄傲地走向胜利之巅；女孩子们都喜欢单纯傻气、幽默逗乐的小丸子，以及她热热闹闹的一家子。21 世纪以来，随着互联网媒介技术的不断革新，日本动漫利用这条便捷异常的“信息高速公路”更加火急火燎地进入中国，更多更新更小众的作品被中国的青少年即时接收，“漩涡鸣人”、“夜神月”、“海盗路飞”和他的伙伴们变成了新一代青少年的新动漫偶像。

男孩子们都想做圣斗士，过五关斩六将，最终骄傲地走向胜利之巅；女孩子们都喜欢单纯傻气、幽默逗乐的小丸子，以及她热热闹闹的一家子。

其次，他们有对日本动漫作品流淌的审美文化和价值文化的共同认同。日本动漫之所以能在中国盛行，除了得益于它大规模全球销售策略外，更与其蕴含的文化价值观有关。自汉唐以来，日本文化深受中国文化影响和熏陶，为数不少的日本动漫，无论从故事架构、人物塑造还是描述方式、价值观念等都暗合了中国传统的儒家观念，中国博大精深的文学渊源，悠长的历史文化和灿烂的文明成果，都是日本创作者源源不断的汲取灵感的宝库。甚至有些日本动漫作品就是以中国为背景，角色设定也是中国人，写的也是中国的事儿。比如《恐怖宠物店》中迷人的男主角 D 伯爵、以《西游记》为蓝本改编的《最游记》《十二国记》中浓郁的中国风味，还有《中华小当家》里各种让人垂涎的华夏美食，等等。

日本动漫作品《最游记》。人物姓名、故事框架直接沿用《西游记》，立意同样也是通过师徒四人取经降魔之路上的种种故事，表达各自寻求救赎与新生的过程。

与此同时，日本在坚守本土文化、吸收中国传统文化的同时，还能以开放的胸襟，创新的精神，融入西方诸国的文化和政治观念，这在其动漫作品的创作中也有明显体现。日本动漫在20世纪70年代曾有过一个崇拜高科技的热潮，涌现出大批科幻机械类的动漫作品，即Science Fiction动画（简称SF），代表作有《机动战士GUNDAM》《银河铁道999》《超时空要塞》等。这些漫画着墨于宇宙科幻、星际生命等内容，讲述人类在地球以外的空间里如何生存和拓展，表达了一种科技武装、科技核心、宏观宇宙的世界观。这类题材的出现不仅是那一时期日本国内经济高速发展的体现，也与当时社会整体崇尚科学的理性精神有关。80年代后，宫崎骏脱离这股SF风潮，以“剧场版动漫”为基础，开创了一条“宫崎骏式”的人文、优美、清新、温和的动漫路线。《风之谷》《岁月的通话》《悬崖上的金鱼姬》这些作品本身都深深地体现出作者对人与自然、社会与自然关系的思考。再比如，描写英国社会生活的动漫作品《英国恋爱物语》，通过讲述年轻女仆爱玛与贵族青年维利亚姆之间波折的爱情故事，直接展开了19世纪英国维多利亚时期社会和民众的世相画卷。有关法国大革命前后宫廷题材的《凡尔赛玫瑰》，也以动漫的形式逼真再现了女主角奥斯卡坚韧的一生。

互联网新媒体语境下的青少年，比以往任何一代青少年都拥有更多的信息渠道。他们除了通过常规的学校教育认知一个异域国家外，高频率地接触媒介文化产品，新闻、电影电视、广告、动漫游戏、文学作品、音乐等也日益成为建构国家形象和气质的重要渠道。毫无疑问，青少年心目中的日本历史、日常生活、社会精神、处世价值，来自历史深处，来自生活中 SONY、TOYOTA、CANON、NIPPON，也来自日本动漫作品。充盈在上述日本动漫作品中的价值观和人生态度，既与这代青少年身处的开放环境相契合，又进一步强化了面对世界、面对未来时，青少年那种对各国文化兼容并包，对未来世界天马行空，既欣赏写实风格，也热爱魔幻超现实主义风格的多样化审美态度。

再次，因动漫而喜欢日本国的其他媒介文化产品。从某种意义上说，正因为动漫作品的传播，国内青少年由此触及了日本媒介文化市场中的其他产业，比如音乐、戏剧、影视等。这些艺术样式与动漫作品彼此互文，相得益彰，以润物细无声的方式浸润在这代人的成长过程中。以流行音乐为例，超人气漫画《名侦探柯南》的《通往天国的倒计时》《迷宫的十字路口》《漆黑的追迹者》三部剧场版就邀请到人气歌手仓木麻衣为其献唱。《火影忍者》《死神 Bleach》等人气漫画的片头、片尾曲均邀请来流行歌手、流行乐团演唱。人气女星中岛美嘉曾两次出演“女性圣经”《NANA》中的主角大崎娜娜。描写女强人奥斯卡的漫画《凡尔赛玫瑰》则被日本著名的“国宝”女子剧团——宝冢歌舞团改编成压轴歌舞剧，每隔十年表演一次，用来纪念一些特别的事件，如 20 世纪 70 年代纪念这部伟大作品的诞生；80 年代纪念法国大革命；90 年代为日本皇室公演；2001 年的演

宝冢歌剧团《凡尔赛玫瑰》剧照。梦幻般的舞台效果、精美的妆容、演员们无可挑剔的演技，都为原作增添了一层灿烂的光晕。

出更是举国轰动；2006 年最新一次的演出，观众突破 400 万，赢得世界范围的关注和好评。[1] 由此，《凡尔赛玫瑰》演出本身也成了动漫界的传奇。由于动漫与音乐、影视、戏剧间水乳交融的关系，作为漫迷的国内青少年几乎都会情不自禁地在喜欢动漫的基础上，成为日本音乐迷、日剧迷，甚至是日本文化迷。

随着互联网新媒体所带来的赋权效应越来越明显，青少年们不仅可以任意地遨游于无国界无边际的赛博空间，获得任意选择媒介文化产品的自由，以及利用丰富文化资源再创造的可能，他们还可以在网络上寻找和营建属于自己的领地，呼朋唤友，一起分享喜欢的作品，看动漫，聊动漫，畅谈日本文化，比较中日文化，探究动漫走红背后的种种原因。“你有没有看过动/漫画××？”成为一句热门的寻找共同点的开题语。可以毫不夸张地说，动漫将当代大部分城市青少年紧密联系在一起，那是他们共同的话题来源，共同的隐语和表达，是他们精神生活重要的组成部分。

尽管 Cosplay 活动在国内的广为流行，参与人数增多，影响力增强，但这毕竟是一种小众文化现象，不是全民都可参与的体育运动、健身舞蹈和大众演出。对于大多数成人群体，大多数非城市青少年，大多数不喜欢动漫作品的人而言，他们并知道什么是 Cosplay。因此，除了年龄因素外，Cosplay 还更趋向于与城市尤其是经济发达的大城市中的青年大学生结缘。

就目前国内 Coser 成员的区域分布来看，核心群体、活动群体大多数集中在沿海大中型城市和内陆省会城市，如北京、广州、上海、青岛、杭州、成都、武汉等。一些小城市里也散落着零

---

〔1〕 凡尔赛玫瑰. 百度百科. http://baike.baidu.com/view/1350645.htm.

星的 Coser 爱好者，但他们常常会因为找不到同好，建立不了一个完整的演出团队，或为扮演不专业而苦恼。他们通常只能选择城市中的“动漫周边店”作为同好信息交流据点。这些小店因为售卖动漫作品和相关衍生产品，而购买者基本都是动漫迷，这样就促成了漫迷之间、漫迷与店主之间有限的交流和联系，即使如此，小城市的 Cosplay 人数依然稀少。因此他们不禁发出“××城实在是太小了，好多人都不知道什么是 COS！”“以后去××城，玩这个应该会多一些吧！”这样的感慨。近几年这种情况有所好转，以大城市为中心的 Cosplay 活动也慢慢向中小型城市扩散，许多小城市逐渐有了少量的 Cosplay 活动。但就目前而言，只有那些现代化程度高，人口密集，信息传递量大，对外交往频繁，文化态度比较包容的城市，才具备 Cosplay 这样的新兴青年亚文化特别适宜生成的气候和环境。

进一步而言，在城市生活的各类社会结构和组织关系中，高校 Cosplay 社团是 Coser 最主要寄身之地，也是 Cosplay 活动最主要的组织者之一。以上海为例，比较著名的 Cosplay 社团有：上海工程技术大学的“CG 社”，华东师范大学的“七草”动漫协会，上海大学的“3C”动漫社和“龙樱”动漫社，同济大学的“NETA”动漫社，复旦大学上海视觉艺术学院的“CORE”动漫社等近几十家。

在少数城市中，也存在部分高中生成立的动漫社团和 Cosplay 队伍。以社团为单位的 Cosplay 活动逐渐多于零星的个人行为，成了国内 COS 圈比较有特色的现象。2011 年 4 月 15 日晚，广州中山大学等七所高校齐聚大学城，参加由华南理工大学“ZACA”动漫协会举办的“萌动全城”Cosplay 晚会。来自中山大学“WILL”动漫社、广东外语外贸大学“无限漫协”、广东工业大学“T & M 漫协”等七个动漫协会的成员们进行 Cosplay

的PK,在高校界掀起不小的轰动。[1]

个人是Cosplay文化实践最小的细胞,社团则是Cosplay文化实践最基层的组织。

个人是 Cosplay 文化实践最小的细胞,社团则是 Cosplay 文化实践最基层的组织。社团在 Cosplay 活动中的文化意义,将在第六部分另立篇幅进行分析。

出生于 20 世纪 80 年代末 90 年代初,就读于高中或大学,伴随着阅读和收看日本动漫作品而成长,生活在大都市,熟悉互联网等新媒介技术的使用,善于获取所需资讯……如此,可以约略地勾勒出 Cosplay 群体所具有的共同特征,有助于外界比较清晰地认识这个群体。

尽管如此,陈璐[2]在研究中还展示了一个颇有见地的发现,她认为,Cosplay 的活动主体尽管有年龄相似、受教育方式相似、接触动漫经历相似等特征,但依然存在许多不同。这些青少年在其个体成长过程中也充满了特殊性,比如逆反、越轨等。再比如,阅读和观看动漫是这个群体共同的文化活动,但获得动漫作品的途径其实是有差异的,有的人是花很少的钱租来看或去网吧看,有的干脆只从同学处借了来看,有的花不多的钱购买盗版书籍和光盘,有的却能花不菲的价格购买昂贵的日本原版书和动漫衍生产品。

的确,在 Cosplay 群体相似的年龄、教育背景、城市生活的表象下,还存在着诸多的差异,比如阶层差异、经济资本差异等,无视这些,我们就无法真正地理解这种亚文化实践的意义。

由动漫文化衍生出来的 Cosplay 附属文化,似乎天经地义

〔1〕 七高校动漫社团 Cosplay 晚会秀才华.新快报,2011—04—18.

〔2〕 陈璐.反抗之死——一项关于 Cosplay 亚文化群体秩序变迁的考察[D].北京大学社会学专业硕士论文,2007.

地在青少年漫迷群体中蔓延开来。这种“由我做主”的角色扮演体验，深深地吸引了他们。谁不想做一次自己心目中魅力四射的动漫“偶像”？谁不想演一个强大无比的“坏蛋”？谁不想把热爱的作品亲手演绎出来？说到底，Cosplay 是一个自给自足、自娱自乐的活动，因此，扮演所需要的道具、服装、化妆、场景选择等，每一步都要 Coser 亲力亲为。对 Coser 而言，Cosplay 最重要的是享受准备的忙碌、COS 的全神贯注和由作品成功带来的喜悦之情。

可是，自己动手谈何容易？

Cosplay 是一个需要物质投入的文化实践活动。虽然要具体而详尽地统计出每个 Coser 的经济投入有一定的难度，而且 Coser 通常也对被问及花费这一项报以反感的态度，因为在他们看来，谈论经济投入就是忽略了他们最为看重的心血和精力的投入，但一些统计数据和调查数据可以帮助研究者大略地做些了解。网络论坛“Cosplay 王国”有一帖是针对花费问题的投票调查：“[诚意调查]你所接受的 COS 角色，最高花费金钱。”[1]有 225 位网友参与这个投票，调查结果显示，花费在 200 元到 500 元之间的能被广泛接受，其中有 10 个人也会考虑 1000 元以上的开销，也有人会不计成本，说只要自己喜欢就行。

根据陈璐的调查数据显示：“以杭州访谈为例，调查对象为参加某动漫展的 Coser，其中作出明确回答的有 25 人，最低花费在 70～80 元的仅 1 人，花费在 100～300 之间的有 12 人，300 元至 1000 元之间的有 6 人。拥有多件 Cosplay 服装，这些服装从 100 元至 1000 元不等的有 3 人，有 1 人称整个社团的服装道具花费在 10000 元左右。”少则几百，多则上千，而且对 Coser 来说，仅有一套服装是远远无法满足内心的渴求和演出的需要的，

[1] http://www.Cosplayzone.net/bbs/thread-40332-1-1.html.

少则数件，多则几十件，对于 Coser 是非常普遍的。除了服装之外，完整的 Coser 行头还包括与服装配套、场景吻合的道具等辅助性产品。Cosplay 服装和道具的制作也越来越讲究专业化、精细化，圈内“大手”Coser 黄山曾说，为 COS 准备的服装道具，应该符合原著描述，甚至连一个扣子都不能错。形似，神也似，这样高要求甚至完美主义的制作准则，使得 Cosplay 圈内经常产生“一套衣服要大几千甚至上万”的传闻，Cosplay 也被圈内或圈外的人打趣地称为“烧钱的活动”。

可以想见，这样的投入对学生来说的确是不菲的活动，没有较好的家庭经济基础，没有可以独立支配的收入，是无法真正而持久地投入到 COS 活动中去的。

由于动漫作品包含着作者超现实无尽想象的缘故，人物的道具和服装大多在现实生活中无迹可循，需要 Coser 调动自己全部的能力去设计、寻找和制作。因此，设计、制作的能力也成了除经济承受力外，对 16～24 岁 COS 主力群体的再一次分层。相比之下，那些从小熟谙漫画语言、装束、风格，具有艺术教育基础的学生，或者是从事艺术设计、语言文学专业的学生更容易亲近 Cosplay。

日本早期的 Coser，通常是依照动漫作品中的原型，画出角色和道具的图案，然后交由百货公司或是裁缝店的专业人士依样制作。著名的游戏人广井王子也是 Cosplay 玩家，他回忆起小时候玩 Cosplay，当时条件极其简陋，需要的服装只能请邻居家的艺妓或者是街上的艺妓们帮着绘制设计图。

著名的游戏人广井王子也是 Cosplay 玩家。

Cosplay 刚在中国出现时，情形也大抵如此。Coser 从买布料、量体裁衣、缝制，都要自己亲自动手。因此，在 Cosplay 论坛早期的记录中，可以看到成员们经常为哪里的布料便宜、哪种材料更好，一些道具和服装上的饰品该如何做，家里废弃的物品能不能变废为宝被 COS 利用，穿上衣服的时候应该注意什么，甚至适合做 Cosplay 场景的具体地点都被做成了详尽细致的“攻略”，包括哪里适合 COS 此情节，哪里适合彼情节，哪里可以换衣服，哪里人少可安静展开讨论等。起初，因为 COS 属于极其小众的爱好，有些成员很不好意思地拿着图样或是半成品，在裁缝们好奇的眼神审视下，让他们缝制；有些则怕父母反对，只能偷偷地在家里自己制作。一些 Coser 在访谈时回忆起当时左躲右闪、支支吾吾的情形，还忍俊不禁。条件的限制使有些成员养成了一种习惯，即可以随时随地发现、搜集能用来 COS 的道具材料。

因而，那些本是服装专业或是美术专业出身的 Coser 所提供的经验就变得特别受欢迎，他们的作品也受到强烈的艳羡。杭州“304”社团的精美服装和道具一直为 COS 圈所称道，这和其成员大多是杭州高校各种服装、美术专业的学生有很大关系。后来，甚至有一些制作服装的非 Coser 在 Coser 迷痴狂情绪的感染下，也热爱上 Cosplay，并运用起自己的才能，全心全意地投身 Cosplay 服装道具的制作中来。他们开办了网店或是实体店，专为 Cosplay 制作高水平精致的服装和道具，其产品自然打上自家旗号。比如在 COS 圈十分有名的晓华姐和她的“想象力工作室。”〔1〕晓华姐本是一位灵巧的裁缝，在北京有自己的门店。在偶然一次接触到 Cosplay 服装后，她心中的奇思妙想终于有了一个特别的实现渠道，从此，晓华姐爱上了 Cosplay，并成立了自己的工作室——“想象力工作室”，专为 Coser 服务。晓华姐和她的工作室在圈内很有名气，接触过她作品的 Coser 都称赞“晓华姐出手，质量保证”，甚至在她的婚礼上，一些 Coser 好友穿着她制作的服装前来参加，令她十分感动和欣慰。〔2〕

---

〔1〕 想象力 Cosplay. http://www.5cos.com/index.php.

〔2〕 Cosplay 族的裁缝师. 北京晚报，2010—09—06.

一拨又一拨的Coser，将制作服饰道具的经验累积起来，并且不断地细化、归纳和更新，总结谱写成了一个详细Cosplay教程，在圈子里流传，被称做“新手必读”[1]：

对Cosplay而言，最重要的不是自己的相貌如何，而是取决于服饰的制作。一般来说，得到Cosplay服饰的方法有四种，分别是：别人送、去专卖店买、自己动手做或是叫裁缝铺量身定造。

1. 别人送

这个当然得要有人缘才行，平时在漫展或生活中认识的一些会Cosplay的“服友”，等他（她）们不要Cosplay服的时候你就可以问他或她要过来，不过相对来说这种机会是少之又少。

2. 去专卖店买

这一点在日本是很稀疏平常的事，比如在日本有Offcial的Cosplay服装卖，“COSPA”就是一个很好的例子，并且她们出的衣服都是官方认可的。另外还有一些造Cosplay服的店，因为是私下造的所以不是Offcial。而在台湾地区基本上都是非官方认定的Cosplay服饰店，但在以上这两个地区都有即省钱又方便的Cosplay服二手店。至于香港和大陆地区则连专门经营Cosplay服的店都非常少见，一般都是需要定制的。

3. 自己动手做

其实Cosplay最大的乐趣便是自己亲手制作服饰以及道具。当然如果要自己做的话，首先必须要会裁缝，家中亦最好有一台缝纫机。一般来说，自己一个人从选料、设计直

[1] Cosplay. 百度百科. http://baike.baidu.com/view/1756.htm.

至制作完成需要一个月时间。其间你除了要有技术和工具之外,精神上的集中力也是相当必要的。一件衣服由最初的纸样直至完成,确实是件非常不简单的事。但同样服装完成时自己所能感受的快感也是别人无法体会的。

4. 裁缝铺量身定造

去裁缝铺量身定造一般是香港和大陆地区 Coser 的做法。这样的好处是,一方面在价钱上比较便宜,另一方面也便于提出自己的要求。在大陆地区一般来说裁缝铺是很好找的,但真正会做 Cosplay 服的却是不多。通常你交了订单之后,一至两个星期便可收取衣服。如果此时对服饰有什么不满意而提出异议的话,店主通常会当场为你改制。

虽然说早期 Cosplay 完全是出自兴趣的自费式的活动,从中只能得到快乐,根本没有经济收益,玩 Cosplay 就意味着你决定为之付出。但随着 Cosplay 活动的规模化,COS 的服装和道具已经可以通过专业化的店铺租赁或购买,很多 Coser 也都会选择购买而不是自制,如此节省了时间,却需要耗费更多的金钱了。也就是说,只有那些有较好经济条件,能支付不菲花费的有闲人群才能真正玩得起这“烧钱”的 Cosplay 文化活动。除此之外,我们引用 Coser 自己归纳的五点来补充说明“谁在 COS”[1]:

不是人人想玩 Cosplay 就能玩的,你得经过重重考验,只有过了以下这些关卡,你才能成为一个 Coser。

1. 长相身材

如果长得影响市容,还是劝你放弃吧,当然,你可以完

[1] Cosplay. 百度百科. http://baike.baidu.com/view/1756.htm.

全不在乎。也不是说人长得漂亮就适合 Cosplay，一个角色像不像，关系到人物的身高、体形、气质等各方面，只有神似才有看头。

2. 时间金钱

忙得没时间的人自然没空去玩 Cosplay，何况这又是个非常消耗资金的项目。以上海为例，做一套 Cosplay 衣服的价格在 50 元到 500 元不等，还不包括道具制作和小饰品的钱。有人为了帮角色配一把透明的剑，特地到有机玻璃店定做，花费 500 元，你承受得起吗？

3. 动手能力

不要以为你有钱又有闲就无敌了，很多时候衣服和道具有钱也买不到，全靠自己制作，倒是体现了 Cosplay 的精髓：DIY。布料的颜色、花纹买不到，就需要自己大笔一挥画上去；衣服的款式、装饰不明确，必须自己把图样画给裁缝；道具找不到替代品，也只能亲手制作。

4. 献身精神

大热天穿着里三层外三层的和服，大冬天里穿着露肩又露背的薄衫裙，为了艺术必须忍受天气的考验。没有献身精神岂能做到？有人为了追求角色上的相似，必须用戏剧油彩在脸上绘上诡异的花纹，宝贵的皮肤也只好牺牲一下了。

5. 心理素质

家里有人反对你能坚持吗？边上有人指指点点你能容忍吗？叫你上台你能从容表演吗？遇到突发的情况你能机敏应对吗？好些 Cosplay 爱好者属于“地下党”，难免有表演时遇到熟人的尴尬，必须练就一身临危不乱、装作不认识、死不承认的本领。

COS 谁：摹本与“番外”

Cosplay 是扮装文化，是以原创作品为摹本的角色扮演。从宽泛的意义上来说，角色扮演的对象没有定规，没有圈定，只要能博得扮演者的喜爱，无论是动漫角色，还是真实生活中的人物，只要愿意去扮演即可。但绝大部分 Coser 可能并不认同这样的观点，在他们看来这恰恰表现出言说者对 Cosplay 本意的不了解，而只有以 ACG 作品，尤其是日本的 ACG 作品为摹本才是他们所理解的 COS。

理解上的差异，还时常引发 Cosplay 圈内圈外的争议，比如关于视觉系乐队的 COS，传统文化产品的 COS，自己喜欢的生活中真人的 COS，明星 COS，动物和外星人的 COS 等究竟能不能归入 Cosplay 领域，争议颇大。纵观各种现有对 Cosplay 的理解，主要有两种观点，一种是将 Cosplay 扮演角色严格限定在 ACG 作品中，非 ACG 作品莫属。可以将持此观点者称为“本真派”。另一种将 Cosplay 扮演角色作无限扩大，认为所有扮演都是 Cosplay。在我们看来，Cosplay 强调的是对原创文学艺术作品的再创造并以视觉图像方式呈现出来的扮装游戏，是一种有摹本的角色扮演，而非一般意义的演出。因此，由演员扮演戏剧和影视作品中的角色那是演出，比如昆曲青春版《牡丹亭》演出的舞台上，俞玖林、沈丰英扮演的柳梦梅和杜丽娘，强调的不是对此前其他演出版“牡丹亭”角色的模仿，而是创新尝试。在 T 台和车展现场显身的漂亮模特儿，是在努力诠释服装或商品的魅力，以吸引注意力。但是，如果有 Coser 将影视片中的人物、昆曲《牡丹亭》的男女主人公、漂亮模特儿作为“摹本”加以扮演，进行再创作的话，那就是 Cosplay。因此，COS 的对象可以超越 ACG 作品角色、场景、情节而推广至其他文化样式，但其前提是，被 COS 的对象一定是有摹本的，即使是 Coser 原创的作品，也一定是先创作出“原本”，再以此为“摹本”进行 Cosplay 的。

在所有 Cosplay 的“摹本”中，日本 ACG 作品毫无争议地坐上了首席位置，在少数本真派的 Coser 看来，甚至只有 COS 日本 ACG 作品的角色，才是真正的 Cosplay。那为什么 ACG 作品能成为 Cosplay 最重要的“摹本”呢？

日本动漫产业对中国青少年一代的影响在上文已经提及，能形成如此深广的社会效应要归功于日本动漫业自身的一些优势，比如，职业漫画家创作了数量众多、品类众多的动漫作品，这些作品打造了一批家喻户晓、个性鲜明的漫画角色。此外，日本成熟的出版和运营模式推动了漫画被不同阶层不同年龄受众接受的可能性。具体来说，日本 ACG 作品能成为 Cosplay 的首选，有以下几方面条件促成：

1. 作品丰富，类型多样化，可选择性强

20 世纪 40 年代后期，日本进入战后恢复时期，经济复苏催生了动漫产业的快速成长。以手冢治虫为代表的一批漫画家开始活跃在这一领域，创作了一些快节奏的、趣味性的漫画，以迎合日本民众战后心灵复苏和创伤愈合的需要。这类漫画大受欢迎。此后，日本出现了专门的漫画工作室，漫画家不再独自一人包揽漫画创作从剧情构思到背景上色和后期制作所有的工作，而是雇佣助手协助部分制作工作，如手冢治虫的个人工作室名为“虫专业工作室”，就有为数不少的助手协助创作。工作室模式的流行，极大提高了漫画创作的效率，促成了一大批动漫作品的问世。当时，日本漫画很流行用红皮小册子装订，因此被人称为“红皮书”或“赤本漫画”。可以说，“赤本”的大量推出，构成了日本漫画战后的第一次繁荣。

青少年漫画杂志出版的热潮，带来的是日本漫画创作的第二次繁荣。现今依然占据日本动漫出版市场垄断地位的讲谈社、集英社、小学馆三家出版社，也是最早出版漫画书的杂志社，在他们旗下，有一大批才华横溢的优秀漫画作者，长年不断地推出深受漫迷们喜爱的新作。在长长的作家作品名单中，既有我们耳熟能详的老一辈漫画家及其作品，比如井上雄彦经久不衰的运动漫画《灌篮高手》，被称为“侠探之父”的北条司闻名遐迩的《城市猎人——寒羽良》，漫迷们心心念念的富坚义博和其代表作《幽游白书》，以及影响中国国内一代人的鸟山明与其异想天开的《七龙珠》等；也有年轻一辈的岸本齐史和他的大热少年漫画《火影忍者》，尾田荣一郎和他《海贼王》中的海盗们，久保带人超人气漫画《死神 Bleach》，还有培养出诸多得意弟子，自己也术业有专攻的小畑健及其《棋魂》《死亡笔记》等。

在这些出版社的带动下，为了迎合受众需求，日本漫画可谓竭尽全力地谋求动漫技术的变革。20 世纪 70 年代，石油危机让日本漫画业逐渐不景气，于是出版商改变策略，将原来刊载于杂志的漫画作品，做成单行本出售以获得更多的广告收益。在一片经济萧条的气氛中，还诞生了由漫画家小林光一郎发明的新式动画技术“Dynamic-Cartoon”，从而促使一直默默发展的动画崭露头角。这些年来，动画的表现风格始终在追求革新，像《超时空要塞》《机动战士》等拥有繁复构图的作品，就尝试与明暗交替、快速转移的电子技术结合在一起，带给观众强烈的、新颖的视觉冲击。在创新变革力量的推动下，动画电视、电影、录像带等新兴市场不断被开辟出来，而以此为基础的电子游戏也脱颖而出。日本著名游戏公司任天堂，不仅将热门的动漫作品改编成游戏产品，还将原创的游戏作品改编成动漫进行二次销售。如此，动画、漫画、游戏三者原来的技术壁垒被打通，这对于漫画爱好者和 Cosplay 活动来说，无疑提供了更多接触动漫作品和动漫角色的路径，既可以爱动画，也可以兼爱漫画、游戏，反之也成立。

日本漫画出版社还有意识地组织活动,奖掖新人。比如集英社就有定期举办各种“新人赏”的传统,以此推举优秀新进的漫画作者,不断挑战现有少年漫画的风格。空知英秋的《搞笑漫画日和》就是以无厘头形式的疯狂搞笑获得了广大日本和中国漫迷的热爱。中国传媒大学的四名学生组成的配音组“cucn201”为这部作品中的几集(《西游记:旅途的终点》《贴纸》《家庭教师》等)制作过中文版,使这部漫画火速在网络蹿红。另一部作品《魔人侦探食脑奈罗》,讲述一个以“谜”作为粮食的魔人奈罗如何利用在人间破案解谜的方式使自身吸收能量的故事。故事中不时出现血腥怪异的情节,带有神秘主义的魔幻色彩。大胆的想象,独异的风格,使该作品面市不久即在网络热播,深得“谜人”喜爱。

2. 分类清晰细致,人物个性突出,更方便 Coser 挑选与自己匹配的角色来扮演

日本漫画作品主要是在漫画杂志上连载。为了方便读者们发现适合自己的作品,也是为了方便市场细分和营销,日本的动漫杂志都有比较明确的读者群定位。性别、年龄是两个最常用的分类指标,由此,形成了以儿童、少年、少女、青年、女性、成人读者等不同定位的动漫杂志。其中,和 Cosplay 群体相关度最高的漫画大类就是所谓的“少年向”和“少女向”。

面向少年的漫画杂志,是日本漫画中规模庞大的一类,拥有的主要读者群体是漫迷的重度受众青少年,此外还有少量的儿童和成人。少年漫画中最常见的主题是“热血、努力、友情、胜利”。目前日本发行量最高的少年漫画杂志是集英社的《少年JUMP》《少年 SUNDAY》《少年 MAGAZINE》,它们被列为日本三大少年漫画周刊。

集英社是日本一家综合性出版社,漫画类是其主打的出版物,旗下仅“少年漫画”这一类别就有近七八本刊物。被中国国

内乃至全球熟知的漫画大多出自集英社，故集英社一度被视为日本漫画的代名词。集英社这七八本刊物将读者群体进一步细分，《少年 JUMP》针对的读者面比较广，囊括许多题材；《少年 SUNDAY》主要面向城市少年；《少年 MAGAZINE》面向体育爱好者，刊载长篇漫画；《少年 CHAMPION》则是偏重描写机器人、科技类的漫画作品。[1] 这些刊物登载的漫画作品经常被改编为动画作品在电视台播放，有些还会制作成剧场版(电影)、录影带等形式，进行大规模销售。

面向少女的漫画杂志是日本漫画的另一大类。这类杂志的主体读者群是 12～18 岁的少女，作品画风偏重唯美、清新的风格，故事叙述的笔调偏爱温暖、热烈和浪漫，内容以少男少女的懵懂情愫和少女成长故事为主。较之少年漫画，少女漫画迎合了特定成长期少女的心理特点，那些叛逆、多愁善感、浪漫主义的情绪，更加贴近现实生活。

第一部少女漫画出自男性漫画家——手冢治虫先生之手，作品名为《色带骑士》(《リボンの骑士》)。此后，许多女性漫画家开始进入少女漫画创作的领域，推动了少女漫画数量的增多和风格特色的形成。与男性作者相比，女性漫画家显然更善于发现适合少女阅读的主题和题材，也更能细腻而婉转地传达少女们内心真实的感受与想法。《RIBON》是集英社创刊于 1955 年的第一本少女漫画。[2] 漫画界无人不晓的《樱桃小丸子》就是在这本漫刊上首次刊发的；矢泽爱——少女漫迷心中的女王“NANA”的创造者，也是该刊早期的常驻作者。集英社另一本少女杂志《玛格丽特》创刊于 1963 年，是典型的少女风格漫画，曾刊载了漫迷们爱不释卷的作品《流星花园》《恶作剧之吻》《恋爱

〔1〕 少年漫画．百度百科．http：//baike.baidu.com/view/81736.htm.

〔2〕 少女漫画．百度百科．http：//baike.baidu.com/view/81746.htm.

情结》等，尤其是前两部，不断地被各个国家改编成偶像类电影或电视剧，受到大批女性粉丝的追捧。另一本创刊于1977年的《CIAO》走了一条不同于传统漫画的路线，风格明亮轻快，在漫画的基础上不断吸取和杂糅游戏的表现元素，使其颇具特色。在这本刊物上发表的《少女革命》是一部充满童话风格、魔幻色彩、女性主义精神的跨媒体作品，讲述了少女天上欧蒂娜在“风学院”参加具有剑术决斗性质的“王子游戏”的故事。女主角干练、聪慧、外表俊秀，富有骑士精神。故事中有段评述她的名言：“公主太过于憧憬王子了，决定自己来当王子。”这部作品先后有动画、漫画、游戏、电影、舞台剧、小说多个版本，曾获得“ANIMATION神户”最佳动画大奖。

讲起少女漫画刊物，不能不提及白泉社的《花与梦》和新杂志《COOKIES》。《花与梦》刊发的每部作品几乎都具有超高的人气，并且有不同的媒介版本，经典如高屋奈月的《水果篮子》、仲村佳树的《SKIP BEAT》、由贵香织里的《天使禁猎区》、樋口橘的《学院爱丽丝》，等等。这些漫画题材新颖，内容突破了卿卿我我的爱情小天地，表达更为畅达。刊发于《COOKIES》杂志、由矢泽爱创作的《NANA》，被誉为“女性圣经”。《NANA》的主题和内容更为复杂丰富，既有传统意义上的爱情故事、朋友情谊，也开始涉及乐队生存、娱乐圈浮华名利、朋克精神和女性主义，不仅为女性漫迷，更是为现代都市女性提供了女性生存指南。与所有畅销漫画作品一样，《NANA》除漫画版外，还推出了动画、电影、小说、电视剧等多种媒介形式。

少女漫画中，值得一提的还有CLAMP。CLAMP最初是女性同人性质的漫画俱乐部，后来演变成由大川七濑、五十岚寒月、猫井椿、摩可那这四位女性漫画家组成的少女漫画团体，她们的代表作品有《东京巴比伦》《圣传》《X战记》等，其中，《东京巴比伦》被美誉为“第一部富有哲理的少女漫画”。CLAMP开创了一种“后美形主义”的绘画手法，运用网点技巧营造出唯美、诡谲、真实的画面气氛，再配以宏大的想象场景与细腻的情感故事。少女漫迷无不为此吸引，纷纷中箭落马，成为CLAMP矢志不移的粉丝。

富足充沛的日本动漫资源，为Cosplay族群提供了取之不尽、用之不竭的摹本，各式各样的动漫杂志、电视节目中的动画连续剧、成千上万的动漫作品，提供了无数折服青少年心灵的人物角色、故事情节、场景画面，因为喜欢，因为爱，它们成为了COS的主要对象。《毛诗序》曰：“情动于中而形于言，言之不足故嗟叹之；嗟叹之不足故咏歌之；咏歌之不足；不知手之舞之足之蹈之也。”阅读动漫、观看动画、谈论动漫都不足于表达漫迷们的喜爱之情了，于是，Coser因情而生，他们通过扮演、装扮、模仿喜爱之人物、情节或场景传达自已那份至爱。

Coser因情而生，他们通过扮演、装扮、模仿喜爱之人物、情节或场景传达自已那份至爱。

除ACG作品外，日本流行文化的其他样式也成为COS的对象，其中，视觉系Cosplay就是最具创新的活动之一。

视觉系乐团是日本的一种乐团类型，简称为VR(Visual Rock)，是在欧美“华丽摇滚”、“夸张摇滚”基础上融入日本的民族文化元素而创新的一种颇能凸现日本特色的乐队风格。严格地来说，视觉系本身够不上一种音乐类型，只是借助摇滚乐的旋律，又杂糅了多重其他音乐风格而已。视觉乐之所以深受日本青少年喜爱，主要是因为乐队奇特的外在表现形式。通常，视觉系乐队演出时，乐手不仅经常改变发型、发色，还会敷上浓厚的妆面，穿上夸张妖娆的奇装异服，甚至男扮女装。刺激的音乐，夸张的妆容，使视觉系乐团形成一道亮丽而夺人眼球的风景，非常容易令人想起日本历史悠久的艺妓文化。

成功的视觉系乐团通常拥有多位著名的视觉系艺人。比如被誉为视觉系乐团鼻祖的“X-Japan”的队长Yoshiki(林佳树)，主唱河村隆一，英年早逝的吉他手Hide(松本秀人)；L'Arc-en-Ciel

日本视觉系乐队。Cosplay 将视觉系 COS 视为一个重要类型。

的 Hyde，鼓手 Sakrua 等。一个有意思的现象是，视觉系乐团这些知名艺人的粉丝大多是女性，她们表达自己对这些艺人喜爱、迷恋的方式就是将他们当做 COS 的对象，女扮男装地扮演他们。乐手们热衷于扮演妖艳的女性，而女粉丝们却沉迷于扮演她们所热爱的男性乐手，这种奇异的现象，折射出 Cosplay 所特有的一种审美意趣。

日本 Cosplay 文化的强大吸引力，使国内青少年一旦接触到了这种文化实践活动，就仿佛寻觅到了一个能承载自己所有兴趣爱好的载体，欲罢不能。无论是日本动漫、视觉系乐队、青春电影，只要喜欢，毫无例外地实施“拿来主义”的策略，不管拿来的途径是否合法。当“拿来”的读物和影像作为“原本”不能满足阅读和观看的期待，甚至限制了想象和发挥时，举凡热爱之“原本”，都成为了“摹本”，以 Cosplay 的方式加以创造性的再现。

21 世纪以来，中国国内的青年文化得到了蓬勃发展，本土动漫、网络文学创作、影视大片、娱乐电视栏目、另类音乐潮等新的文化类型呈井喷状态。再加上日本动漫长期以来独霸 Cosplay 舞台所引起的非议，一种呼声便随之而起，“请大家关注我们国产漫画吧”，“原创作品很重要”，国内原创动漫和其他文化类型的产品开始进入 Cosplay 的视野。

国内首部原创武侠动画剧《秦时明月》由玄机科技联合上海上影数码公司采用 3D 技术制作，2007 年首播。全剧一共六部，描述了秦国统一六国至项羽攻陷咸阳这段时间内，诸子百家、能人朋辈、群雄纷争的历史故事，糅合了武侠、奇幻、战争、历史等各种元素，人物角色有近半百之多，历史上有名有姓者占了半数。画面宏大精美，有着浓郁的中国风味和历史沧桑感。《秦时明月》刚一推出，其大气磅礴的风格和引人入胜的情节立马得到了青少年群体和动画社团的热捧，国内著名 Coser 如黄山、Arishi 等不失时机联袂 COS，以精湛的表演将这部动漫作品深深地植入青少年漫迷心中。[1]

《秦时明月》海报。《秦时明月》和《长安幻夜》是国产漫画 COS 的两大热门之作，其作品所属公司也乐意 Coser 用 Cosplay 的方式向青少年宣传它们。

《长安幻夜》也是国内 Cosplay 经常演出的作品。改编自小说家“面堂兄”(范黎明)的小说，后由漫画家韩露绘成漫画。描述了唐代长安城内各色人等围绕奇珍异宝展开的一连串跌宕起伏的争夺的故事。作品画风精致细腻，即使与日本 CLAMP 相比也毫不逊色，得到国内漫迷高度褒扬，成为 Cosplay 的保留项目。

除了以国内外的动漫作品作为 COS 摹本外，国内 Coser 也在不断地开拓创新，寻找新的题材和文化样式来丰富 Cosplay 活动。布袋戏由此成为首先被尝试 COS 的对象。布袋戏是一种流传于福建泉州、漳州，广东潮汕地区以及台湾地区的一种用布偶来表演的民间传统戏种，有悠久的历史，中国古籍《武林旧事》《东京梦华录》中都有记载。台湾地区的布袋戏几起几落，最后借助“电视布袋戏”的形式东山再起，造成轰动。现在布袋戏的演出媒介和场所不再限于传统演出时的简陋场地，而延伸到

〔1〕 兴奋！异地合作知名 Coser 合作《秦时明月》. http://tieba.baidu.com/f?kz=213336011.

了有线电视、录像带、电影、光碟及多媒体，这也使得非传统布袋戏地区的青少年群体有机会接触这一传统的地方戏种。

台湾地区出品的《霹雳系列》是布袋戏最著名的作品之一，讲述了众多英雄汇集的血雨腥风的江湖传说。在这部作品被COS之前，祖国大陆地区极少有人知道，是年轻人通过网络视频率先发现并推荐了这部红遍台湾地区的布袋戏，台湾女性戏迷COS的“霹雳”版也被同时介绍过来。出于爱慕和喜欢，在借鉴台湾版的基础上，祖国大陆Cosplay也将布袋戏作为“摹本”进行富有特色的COS，国内知名Coser葱田和黄山等人都推出过这类Cosplay作品。

随着Cosplay的风靡，COS的“摹本”还在不断创新和扩充之中，有对畅销小说的Cosplay，譬如盗墓类惊悚小说《盗墓笔记》，甚至对现实生活真人的COS也初露端倪。

除了中规中矩的角色扮演外，在Cosplay作品中，能看到各种各样饶有趣味的“番外”COS。

“番外”是日语的音译。“番”原义指书本、漫画等的目录，一番、二番相当于汉语中的一页、两页。“番外”通常是指将动漫、小说、故事的主线人物之外的配角提取出来改编成相对独立的故事的做法，即“外传”。“番外”的故事比较轻松活泼，不乏“恶搞”之意。因此，也有人称“番外”是Coser的小“恶搞”，是给正正经经的角色添加点“生活味儿”、“喜乐味儿”的小动作。

“恶搞”，日本原文“KUSO”，是游戏界最初使用这个词汇，后由日本传入港台地区，再转入大陆，通常是指以戏谑嘲讽的态度和方式对主流意识形态、大众文化流行产品进行颠覆性的解读，深得年轻人喜爱。著名的“后舍男生”，用电脑视频记录自己假唱流行歌曲时的夸张表情和动作，引人捧腹。胡戈以自创微电影《一个馒头引发的血案》恶搞陈凯歌导演的影片《无极》，微博账号“潘金莲日记”用文言日记体对流行社会文化现象的调侃等，都充满了对传统、经典以及正典的怀疑、挑战和讽喻。与此相比，Cosplay 的恶搞要温和得多，只是以非正典的恶搞方式善意地表达青少年对 COS 作品中人物关系、人物命运和人物性格的别样理解。

"小恶搞"是 Coser 简单表达自己观点的一种小手腕，是对某部作品有话要说的一种特殊的表达手段，反映了受众在阅读和观看作品时主动诠释的愿望和能力。Cosplay 角色扮演时强调对摹本角色形神俱备的扮演，但"有一千个读者就有一千个哈姆雷特"，从喜欢这个角色，研究这个角色，不断地扮演这个角色，到最终读懂这个角色，在这一过程中，Coser 势必要将自己的理解和感悟借扮演传达出来，这几乎是主动阅读的必然结果。Coser 自己的想法和喜怒哀乐，在直接的扮演中无法表现时，就会借助"番外"的手法，通过恶搞的方式善意地提醒大家"这个角色其实还另有一面呐"。

"小恶搞"是 Coser 简单表达自己观点的一种小手腕。

Cosplay 是真人扮演角色的活动，假使看不到扮演者对角色的感悟和想法，看不到两者精神上的互动，那我们所见的就只是一个木偶，这样的 Cosplay 是没有意义的。

如何 COS：展演与制作

一般来说，一个相对完整的 Cosplay 过程，要经过这几个主要步骤：选定扮演对象（故事和人物）、搜集人物相关的资料（人物背景、情节内容、人物命运、人物性格、外型服装道具等）、决定出内景还是出外景、选择实拍地点、制作服装和道具、化妆、扮装拍摄、后期制作、上传作品等。可以粗略地将这些过程划分为前期、中期、后期三阶段，每个阶段每件事，看起来简单，做起来却很有难度。

前期工作的核心在于对 COS 人物和故事的选择。Cosplay

扮装活动的最高境界是与摹本角色的形神俱备，这对选择什么样的角色来扮演提出了相当高的要求。欣赏喜欢是一回事，创造性地再现是另一回事。这就要求扮演者必须全面深入地了解角色信息，体悟角色感情，琢磨角色心思，做到知己知彼，甚至是使自己和角色的气息相通。对角色的研究，既是 Cosplay 的前提条件，也体现出扮演者对角色的热爱程度。

对角色的研究，既是 Cosplay 的前提条件，也体现出扮演者对角色的热爱程度。

选定角色后，接下来是对服装、道具、场景、妆容的准备，这是中期工作中最重要的内容，Coser 强调亲力亲为，亲自动手，这对 16～24 岁从小娇生惯养的孩子们来说有很大的难度。既涉及设计制作的技能、经费投入的大小，也涉及统筹组织的综合能力等。

描眼画眉，穿衣着装，一切准备就绪后，Cosplay 还需要选择一处符合故事情节的场景来表演。“出内景”指在室内或自己家里完成 COS 过程。“出外景”——Cosplay 的常用词语，指代了一个重要步骤，即在一些公开场所出现，在众目睽睽下完成 COS 过程。“出外景”比“出内景”显然更有意思，也更需要勇气和胆量——穿着极其夸张，甚至是闻所未闻、见所未见的服装，要忍受旁人的评头论足、指指点点甚至误解，这需要多大的勇气啊！Coser 曾经闹出不少有趣的笑话，许多网络论坛中的帖子记录了这些趣事和窘态：

“出外景”比“出内景”显然更有意思，也更需要勇气和胆量。

COS 佐助时：一小妹妹说，“那个哥哥背后有把乒乓板！！！”（佐助的衣服后面有一个家族的族徽，是日本扇子形状）

曾经某漫展，中途休息时在场地对面吃米线，当时里面已经有不少 Coser 了，但 CS 组的扛着枪进来，还是让老板老惊讶老惊讶，点菜时都不会多讲话……

我们出棋魂的时候在公园，我正在给佐为（身着日本平安时代服装的古人）化妆，有两个小孩跑过来问我们："阿姨，你们在拍电影还是电视剧？"我们无奈了，后来来一"好心的"老奶奶，把小孩带走了，边走边说："那是唱戏的，没看见有个黑白无常吗？！"

我在商场买了一把300元的剑，心想可以好好COS下，结果上了出租车，司机不停地看我，还问一句："银行还是警察局？"

无论是外景归来，还是内景COS，那些记录其过程的宝贵图片和影像资料就是Coser的初稿作品。接下来，需要精心的后期制作。

在后期制作中，Photoshop技术被广泛使用，抠图、渲染、点缀、着色、美容等技法被Coser娴熟地用来为角色配上能烘托内心活动的，或古旧昏暗或轻快明亮的背景，为故事添加或凄风苦雨、或春暖花开的环境气氛，有的干脆将人物角色截取提炼，直接置入魔幻空灵的场景中，动漫真人化，真人动漫化，"假作真时真亦假"，实在是变幻无穷。

图像修改完毕后，Coser大多会选择在互联网上的Cosplay个人网页、论坛、社区等空间上传自己的作品，目的是展示COS成果，交流COS作品，并且希望得到其他Coser的认可和欣赏。上传图像时，Coser会再一次对图像进行后期制作，那就是排版。

《长安幻夜》COS作品。Coser努力制作和选择与原作极其相似的服饰和场景，后期图片加工时大量采用摄影技术。

一个完整的Cosplay作品展示，通常有约定俗成的“结构”。

Coser一般会展示几张类型相同的自拍图片，让其构成一个连贯的小故事或是一段角色的心路历程。这些小故事的内容来源于所扮演的动漫文本中某片段或某场景。

一个完整的Cosplay作品展示，通常有约定俗成的“结构”，主要包括标题、前言（Coser为什么想COS这个角色）、扮演者、参与者名册、正篇（作品主体）、番外（通常是对漫画文本另类解读的表演）、结束语（扮演者的感想）等。以Coser岚陵萧萧声2010年8月在漫友BBS发布的标题为“★★国产漫画《4.9×4.9》燃烧吧！青春！腐女什么的最讨厌了～★★★”[1]的作品为例，标题的基本构成是摹本名称、扮演角色、题旨。在这里，“《4.9×4.9》”是摹本名称，连载于《漫友》杂志的国产漫画。扮演角色在标题中并没有详细写出来，“腐女什么的最讨厌了”是自我打趣的话。列出作品摹本名称，是为了方便观看者辨认。再看前言部分：

> 这套外景从萌生想法到出图不到一个星期的时间
> 应该是我平生出的最快的一次COS外景
> 大家玩得非常开心，我们几个终于又当了一次高中生
> 《4.9×4.9》是白骁目前在《漫画SHOW》上连载的热血少年漫画
> 阿虚推荐给我们之后，非常非常喜欢
> 如果你们喜欢这个COS，要多多支持原著哦 嘿嘿
> 超级感谢漫友编辑们和白骁大哥的支持
> 你说喜欢让我们松了口气呢 哈哈

---

〔1〕 国产漫画《4.9×4.9》燃烧吧！青春！腐女什么的最讨厌了（发帖人 岚陵萧萧声）. 漫友 BBS Cosplay 版. http://bbs.comicfans.net/new/dispbbs.asp?boardid=12&Id=14012&page=3.

前言部分最主要的内容是解释自己为什么要COS这部作品和角色，从中我们可以再次见证，大多数Cosplay角色扮演的动力是“喜欢”，是大家在一起COS的快乐，是不断尝试成为“他人”的刺激。

★★★★废话篇★★★★

==萧萧==

这是我第一次出国产漫画啊！太兴奋了！

而且终于回归男生了！

最近女人出太多你们居然都忘记我的本行了TT……

我是正太，谁再叫我女王我就不跟你们玩了555555

跟桃子和阿虚合作实在是个鸭梨（网络用语，指压力）很大的事

两人身材这么好，作为正太，我表示华丽丽的落败了TT

==桃子==

“……”

（某桃子还在构思中……）

==阿虚==

从今年的四月起就一直在看《漫画SHOW》

特别是4.9特别有爱　热血青春啊

所以一直想出自己喜欢的黎昕（阿虚好羞涩……）

萧萧、桃子、阿虚分别扮演了漫画《4.9×4.9》中的吴争、爱伦坡、黎昕。所谓“废话篇”，其实是三个Coser对这次角色扮演活动的“感言”，既表达了自己对角色的喜爱和钟情，扮演角色时的兴奋和激动，也传达了彼此合作时的压力和动力。大量网络语言和符号的使用，让这份感言生动形象，活泼欢欣。

★★★★正片开始★★★★

吴争@岚陵萧萧声

爱伦坡@桃子

黎昕@阿虚

摄影@零

化妆＋后勤@胡栗

后期@岚陵萧萧声

吴争

存在感很弱的男主角，16岁的高一男生，通称小争。个性如同名字一般的与世无争，男子气概在平均水平之下，是很容易遭人欺负的类型。暗恋学校公认的大美女温雅，却因为性格太过懦弱而频遭对方冷眼，还被温雅私下里比作兔子。为温雅下决心不再当只会逃避的兔子。虽然个性软弱，却意外地拥有优秀的动态视力和令人惊讶的律动感，也因为开始接触拳击被发掘了个性中执拗而努力的部分。

爱伦坡

本名艾程。实力和温雅不相上下的拳击高手，花花公子，和温雅是青梅竹马的关系，小争的学长，目测年龄17至18岁。绰号爱伦坡，通称坡。玩世不恭，没正形，凭着英俊的外貌令不少女生沦陷，但是似乎有着不太愉快的心事，也因为某件事放弃了拳击，现在只是玩票性质。本身是一个不容易与别人分享心情的人，所以他放弃拳击的原因没人知道。看上去毫无恋爱的操守，但是似乎蛮在意温雅的。为小争提供了不少帮助。

黎昕

人气极高的少年功夫明星，截拳道高手，有着一股不服输的性格，不知出于何种考虑放弃电影而转到“伞兼科”高中。在无意中被坡发现了自己的“女性恐惧症”，使他和坡之间有了争执。

作品“正篇”，无疑是 Cosplay 的核心内容。无论是单人角色特写还是多人角色合作，都以完成一个故事、几段文字或是各自人物展示为主，图片数量不限，能完全表现出 Coser 意图即可。一个故事，可以是原著中某段场景、某段情节的再现，使作品“情景再现”；几段文字，可能是对这个人物性格和命运的描述，配合上图片，让大家更好地理解这个人物；各自或者多人展示，就像合影或者独影，摆好人物的姿势就可以拍摄了。上面的作品中，Coser 还写下了三个人物各自的性格和经历，以便于他人更好地理解角色人物。

类似于电影电视的片尾，Cosplay 也会交代参与扮演角色的全体工作人员，除主演外，还包括化妆、摄影、后勤、后期制作等，这也体现了 Cosplay 是一种团队合作的文化实践活动。

Cosplay 是一种团队合作的文化实践活动。

★★恶搞番外 四格篇★★★★

“恶搞番外”与“正篇”之外的“副篇”故事，并不是每一部 Cosplay 作品都必备的内容，是否需要，主要由角色扮演者自己决定。在这部作品中，“恶搞番外”以四格小漫画的形式推出，讲述了一个基于原作的自创故事。“吴争”在小四格里，放弃了在“正篇”中高超的擒拿格斗技巧，改用“铁发”与两位对手周旋并顺利制服了他们，让人忍俊不禁。

OK，欢乐的外景完成了

一直胆小又平凡的小争曾经对着全校老师说出这样的话：“可我的人生不是选择题，你们给的 ABCD 里没有我想要的未来！”

这是多少人的心声呢?

那就去追求你们的未来吧

加了个油　哈哈哈哈

"可我的人生不是选择题,你们给的 ABCD 里没有我想要的未来。"

"可我的人生不是选择题,你们给的 ABCD 里没有我想要的未来",这段后记文字,既可以看做是给这次 Cosplay 过程画上了句号,更可以从中体会到 COS 活动带给 Coser 的感悟和启迪,是结束感想语。

以上复杂的 COS 过程和众多 COS 的内容组合,共同构成了一个完整的 Cosplay 作品的创作过程和结果。

早期记录 Cosplay 过程的手段大都是照相,随着数码技术的发展,手持摄像机、家用摄影机以及带有高清晰度摄像功能的手机等设备的普遍使用,使 Coser 除了沿用图片方式外,更多地采用视频的方式来记录和展示 Cosplay 全过程,从而弥补了图片缺乏动态的不足。视频记录让 Cosplay 看上去更像是一场真人演绎动漫原著的短片,可以更生动完整地再现摹本的叙事和情节,完整地展示角色扮演的效果。

为了保证 Cosplay 活动顺利进行和 Cosplay 文化活动的严肃性,在 Coser 群体中,还形成了一些具有共识并自觉实施的基本规则。规则由两部分组成,一方面是针对 Coser 本人的,因为 Cosplay 是公开的活动,Coser 的言行举止不仅代表本人,也代表了 Coser 在社会公众中的形象。因此,Coser 要自觉地遵守一些规则,比如避免在展会上公然摆出奇怪的姿势,造成他人的不悦,要注意在公众场合的一举一动。在主办单位提供的舞台以外,不占用公共空间跳舞。Cosplay 服装应在场内更换,若是较显眼的服装,不应着装到会场,或是着装离开会场等。另一方面是 Coser 对观看者提出的要求和规则,比如,拍照应该尊重

Coser 本人的意愿，同意则拍，不同意就不应该拍。不能要求扮演者摆其不愿意做或危险的动作。拍照时要注意是否妨碍身边其他摄影师的工作。不要批评 Coser：Cosplay 不是展示性活动，更不是表演活动，要尊重 Coser，不应该缠着 Coser 不放，更不应该跟在 Coser 后面走，等等。游戏规则是铁律，保罗·瓦莱里表达了一种非常有力的思想，他说："游戏规则是不容怀疑的，因为规则之下潜藏的原理是不可动摇的真理。"[1]在 Cosplay 扮装的世界里，虽然不能说规则一旦倒坍，世界就崩溃，但至少可以据此认为，Cosplay 是一种青少年有组织的文化实践活动。

〔1〕 约翰·赫伊津哈. 游戏的人：文化中游戏成分的研究. 何道宽，译. 广州：花城出版社，2007：12.

Cosplay是青少年自己创造的游戏类型，这个游戏关乎消遣和娱乐，关乎心灵和情感，关乎因现实而生的伤痛及抚慰，更关乎自我空间的独立和完整。Cosplay对他们而言，意义远远不止是一场游戏。

作为一种扮装文化活动,Cosplay 虽然与动漫文化有着天然的血缘关系,但它是一种独立的文化实践活动,有着自己的文化表征和价值意义。首先,Cosplay 具有原初意义上的游戏性,同时具有文化意义的游戏性,符合游戏的最基本规则。其次,Cosplay 是青少年群体借助虚拟网络空间,依托新媒介技术平台建构的一个相对自由自在的游戏空间,从而创造了属于他们自己的文化活动。再次,Cosplay 是青少年群体在当代媒介传播和社会语境下所选择的一种特殊的游戏活动,并且以技术壁垒将他们的父辈阻挡在这个空间之外,与父辈文化和主流文化营构的游戏方式和意义构成对峙状态,以自娱自乐的特性表达了 Cosplay 作为一种青年亚文化类型的存在及价值。

作为游戏的 Cosplay

Cosplay 并不是一成不变的概念,尽管“角色扮演”的汉译说法已基本成为一种共识,但一旦把 Cosplay 置入不同的时间、不同的文化背景、不同的舞台展演时,对其内涵和外延的理解还是有极大差异的。日本著名 Coser 樱庭时央曾于 2003 年来中国参加 Cosplay 活动,她用日记简要地记载了行程,其中有些篇章以非常强烈的语气表达了对中国 Cosplay 组织活动的不满:“这个展会太不像样子了,我怀疑那些主办方满脑子都是钱。”“由于双方对 Cosplay 的认识不同,我觉得今后无法再跟他们好好沟通了。”樱庭时央当时遇到的不可理喻的事情包括:与 Coser 合影时动漫会展的主办方要收取费用;COS 表演作品没有拍照留影;展会海报设计仓促并且盗图;展会舞台没有统筹规划,缺少走台预演;活动顺序安排差乱,展会现场混乱;等等。因此,樱庭时央愤忿地表示:“发生了很多事……中国,怎么说呢……我是再也不会去了。”“中国人办的活动我绝对不会再去了，活动的话，还是只参加日本的为好。”[1]

同样的质疑，在国内COS圈也普遍存在。COS本真派就坚持反对将Cosplay做泛化理解和处理，在他们看来，只有坚守扮演日本或者国内ACG作品中的角色，才是真正的Cosplay，而扮演其他文化产品中的角色则都与Cosplay的宗旨相悖而行。与此相反，在商业逻辑和消费主义愈演愈烈的今天，一部分Coser和社团，或心甘情愿，或身不由己地以COS作品为筹码，与各类商业演出机构携手，向市场妥协，向金钱低头。

COS圈内尚且如此矛盾重重，圈外的误解更是家常便饭了。社会公众，尤其是成年人，要么对Cosplay闻所未闻，要么有很深的误解，将Cosplay视为奇装异服的搞怪、单纯模仿的服装秀或选美活动。

> “看到他（儿子）那些吸血鬼造型、忍者造型，我气不打一处来！”

> “我尽量没有打击孩子的爱好，可是我的担心却一直没有减轻过，虽说他也在努力学习，对自己喜欢的动漫也愿意主动和我交流，但是喜欢这些过于前卫的造型，不仅浪费时间、金钱，我更担心他对性别有模糊的概念！”[2]

Cosplay圈外的围观者通常将其视为一种具有浓郁的戏剧成分的行为艺术。动漫生产企业、电玩商家则干脆简单地将Cosplay视为商品营销推广的手段和工具。

---

〔1〕 樱庭时央．互动百科．http：//www.hudong.com/wiki.

〔2〕 家庭课堂尊重孩子的爱好．http：//edu.gog.cm/cn/system/2007/06/18/010071793.shtml.

事实上，无论是模仿秀抑或戏剧表演，这样的称谓都不是Coser所乐意接受的。大多数Coser也懒得去争辩、解释，他们是我行我素的群体，就如同樱庭央时那样，如果展会有违于真正的Cosplay精神，他们采取的往往是拒绝合作，退回自己认同的领域，继续与世无争地从事自己喜欢的COS活动，而不会高调地采取措施以示抗议。

那么，什么是Cosplay的精神呢？许多Coser在展示自己的作品、回复网友询问、接受媒体采访时，都表达了涉足Cosplay的相似动因——是因为喜欢某个角色所以才去COS，而不是出于其他功利目的。当他们讲述自己辛辛苦苦从事Cosplay活动的时候，掩藏不住角色扮演活动带来了那份满心喜悦和快乐的心情，他们付出的是无以数计的金钱、时间和精力，收获的是精神意义上的愉悦。由此可以认为，游戏性是Cosplay的精神要义之一。

游戏性是Cosplay的精神要义之一。

荷兰学者约翰·赫伊津哈在《游戏的人》开篇就为"游戏"定性，他认为游戏是在特定的时间和空间中展开的活动，游戏呈现明显的秩序，遵循广泛接受的规则，没有时势的必需和物质的功能。游戏的情绪是欢天喜地、热情高潮的，随情景而定，或神圣，或喜庆。兴奋和紧张的情绪伴随着手舞足蹈的动作，欢声笑语、心旷神怡随之而起。[1] 以此对照Cosplay活动，可以发现Cosplay对这一定义的适用性和超越性。

游戏是自愿的而非强迫性的活动，一切命令式的游戏都失去了游戏的本意，而成为一种强制的模仿。孩子们将自己打扮或想象成战士，在场地上擒拿格斗，摸滚翻腾，你躲我找，彼此追逐时，那是游戏。但高校新生入学后参加军训时，学生们必须按

一切命令式的游戏都失去了游戏的本意，而成为一种强制的模仿。

[1] 约翰·赫伊津哈.游戏的人：文化中游戏成分的研究.何道宽，译.广州：花城出版社，2007：25.

照教官的要求和命令，站立、伏倒、贴地前行、翻滚向后，那就不是游戏而是训练了。同理，Coser纯粹凭着自己的兴趣爱好扮演某个角色时，那是游戏；反之，如果不是出于自愿，而被指派扮演某些角色，尤其是自己不喜欢的角色时，那就违背了游戏的真谛，也违背了Cosplay的精神。

Cosplay麾下汇总的是跨国界、跨民族、跨文化对动漫和COS无条件热爱的年轻人，是以共同兴趣爱好在现实和虚拟空间中集聚在一起的"部落"，具有法国社会学家米歇尔·马菲索里的"新部落"的后亚文化特性。"部落"原来是人种学用来描绘古代社会特征的概念，在那里，社会秩序并不依赖于中心权力而维持。"新部落"是后现代语境下的概念，马菲索里认为，经过后现代严重的社会解体和极端个人主义时期之后，后现代个体开始转向，除了寻求自身主体性的认同外，也需要外部群体的支持和认同。于是，一种与个人主义相反的运动出现了，它们寻求维持或重新建立社会联系，寻求群体识别。然而，后现代社会已经碎片化，整齐划一的社会组织已经分化成若干短暂的、不稳定的、以情感维系的部落，这些部落发展了它们各自复杂的符号和意义。因此，群体识别不再依赖于阶层、性别和宗教等传统的结构因素，消费方式成为个人创造当代社交以及小规模社会群体的新形式，"部落没有我们熟悉的组织形式的硬性标准，它更多的是指一种气氛，一种意识状态，并且是通过促进外貌和'形式'的生活方式来完美呈现的"[1]。简言之，这种新部落的建立不再依靠亲属关系、阶层关系、性别关系或宗教信仰关系，而是超越了这些关系，依赖于部落成员之间共同的兴趣爱好。

Cosplay的基本精神是热爱ACG，只有真正喜欢动漫角色

〔1〕 Michel Maffesoli. *The Time of the Tribes*. Sage Publications Ltd，1996：98.

的 Coser,只有了解动漫角色精髓的 Coser 才被视为"同人",才是圈内人。而那些只知道 COS 角色服装或姿态的行为是被本真派的 Coser 所唾弃的,后者常常感叹,大多数在玩 Cosplay 的人其实根本就没有理解这种活动,"COS 要有 COS 的灵魂,感觉到那个作品角色的灵魂,要做到那个人的动作,要理解那个人的想法,而不是穿穿衣服"。"《鬼影狂刀》本身就是比较知名的漫画,如果是真正在这个圈里的话,应该是知道的,但是很多人不知道我 COS 的是谁,懂 COS 的人知道真正 COS 的是什么东西,不是穿着服装抱个洋娃娃,而是一眼就能看出这 COS 的是谁。但真正懂 COS 的人不多。"也就是说,只有热爱动漫角色的 Coser 才是真正的 Coser,只有了解动漫"精髓"的 COS 才是真正的 COS。

只有了解动漫"精髓"的 COS 才是真正的 COS。

穿上戏装从事表演,在传统戏剧中就有,从源头来看,Cosplay 和戏剧两者间有其一致性,比如都是模仿。戏剧是通过模仿生活来认识世界,体验生活,表达感情。Cosplay 则是对动漫和游戏作品的模仿,是对模仿的模仿。但无论是戏剧还是 Cosplay,模仿的出发点相似,既可以理解成是对被模仿对象的把握和控制,也可以理解成对模仿对象的崇拜和敬畏。但是,与戏剧表演的完整性不同,Cosplay 只是对原作某个人物或场景的模仿,是 Coser 根据自己的兴趣爱好,从全本中挑选出来加以再现的独立片断,因此,颠覆和改变戏剧表演程式,截取片断加以放大,自由地拼贴等随心所欲的行为就在所难免。有时如果不细加辨析,这些表现特征和恶搞亚文化非常

国外 Coser。Cospaly 魔兽世界里的德鲁伊。

相似，但是两者只是形式接近，本质却是有极大差异的。

恶搞通常是恶搞者对原有对象的丑化、戏弄、嘲笑、颠覆，以表达自己的观点和情绪，而 Cosplay 则是因为扮演者出于对某个角色和场景的偏爱、迷恋，甚至是“怨念”，才借助角色扮演这种特殊的方式去加以表现，并以此向原作表达深深的爱意和敬意。“爱你才 COS 你。”Cosplay 是表达一种强烈情感的独特方式。

“爱你才 COS 你。”Cosplay 是表达一种强烈情感的独特方式。

与游戏自愿性相关的另一个特性是游戏获取的是精神性而非物质性的利益，正是在这一点上，游戏体现出它的文化性。

游戏不同于平常的生活和真实的世界，甚至可以说，游戏是中断了正常的生活节律，进入一个暂时的时空，同时也止于这个临时性的时空环境中。关于这一点，赫伊津哈讲述了一个形象的故事。一位父亲看见自己 4 岁的儿子正将一排椅子摆放整齐当做火车玩。父亲走过去拥抱儿子，儿子说：“爸爸，不要亲我，我是火车头，要不那些车厢就会想，这不是真的火车。”这种“假装”的意识就是扮演，只有忘记“假装”，忘记是在扮演他人，才能获得精神的愉悦和超越，这是个体的需要，也是社会的需要。相反，一切物质性的、功利性的游戏都不再是游戏。随着 Cosplay 活动由个人或小众群体在私人空间中的自娱自乐走向各种各样的公开的动漫产业博览会、动漫会展，其游戏精神遭到了无所不在的商业性的挑战。比如，借助动漫展销售入展门票，提供高价餐饮，出售商业展位，贩卖 Cosplay 服装道具以及由商家赞助制作服装和道具，Coser 为商家代言产品作为回报等。Coser 自己是这样理解的：“有时候一些商家，为了搞一些宣传活动，叫一些模特啊，或者一些人，穿上游戏里面的衣服，然后去走走秀，就这样子的，我就觉得是商业化，因为那些人不是本身爱好动漫，本身也不是 Coser。”“大家都以赢利为目的，而不是一个享受快乐的过程，就没有意思了，还不如自己玩。”

Cosplay 角色扮演活动，是 Coser 利用业余时间从事的活动，完全是出于自己对 ACG 作品的喜欢和热爱，从某种意义上来说，他们都是 ACG 的顶级粉丝，不计任何报酬，所有付出为的只是可以成为她或他所爱慕的人物，哪怕只有一天半天时间，如果她或他的扮演的角色能得到同好们的认可，那便是最高的褒扬，能激励他们攀上快乐的云巅。

游戏的第三个特性是时空阈限性。游戏有特定的场地，游戏的进行和存在都被事先限定在指定的场地中。赫尔津哈指明，游戏的边界既可能是物质的，也可能是想象中的；既可能是有意识划定的，也可能是理所当然的。所有这些场所，都是在平常世界中暂时圈定的场地，用来进行表演的场地，是与日常生活场所完全不相同的空间。

通常，Cosplay 文化活动主要在私人和公共两个空间展开。所谓私人空间，主要是指 Coser 个人之间的交往或一个和几个志同道合的社团之间的交流，交往和交流既在实际生活中更在虚拟世界里进行。实际生活中，彼此相识的 Coser 之间偶尔会有聚会，喝茶聊天悠游，交流阅读和扮演经验，甚至会有一些私下的角色扮演展示，主要供相互欣赏和拍照。在虚拟空间中，通过 QQ 等聊天工具，人人网社区、微博等社会化媒体进行在线即时互动，Coser 之间的沟通显得更频繁更活跃。

另一个空间，主要指包括了动漫会展和虚拟网络社区在内的，具有敞开式、商业化营作性质的公共空间。这些空间一般都是为了配合展示活动而特辟的场所，有栅栏、围墙等临时或固定的隔离物，与日常生活空间相隔离。即使是商业化的 Cosplay，在百货公司拥挤的空间里举办，也会用障碍物加以区隔，或用 T 台加以突出，以区别于普通的购物空间。动漫会展和 Cosplay

展演场所往往有较大的场地和规模，对所有愿意遵守其规则的人开放。2001 年东京夏季同人志展会期间，有超过 52000 份展位申请，最终挑选出了 35000 个，而为期 3 天的展会，参加人数达到了 48 万。2010 年 8 月 12 日上午，第二届深圳动漫节在上千名动漫爱好青年的欢呼声中于深圳会展中心 7、8 号馆盛大开幕，全程为期 5 天。这届动漫节由品牌展览、活动盛典两大板块共计 20 余项活动组成。展馆面积 15000 平方米，较第一届动漫节翻了一番。据统计，首日入馆人数达到 10 万人次，是第一届的一倍多，人气之旺，可谓壮观。[1]

Cosplay 群体也比较自觉地限定游戏的场所，不会随意将表演与日常混淆。比如，他们不会把 Cosplay 的服装和化妆带入到现实生活中，因为“那样很可笑”；也不会与不懂 Cosplay 的人谈论这种扮装游戏，也就是说，无论他们有多么热爱自己扮演的角色，但绝不会将角色直接在非展演的现实场景中表现出来。高校里有许多大学生都是 Coser，但在日常学习、生活和工作中，你很难发现他们。Coser 是现实生活中的潜伏者。

Coser 是现实生活中的潜伏者。

与空间的阈限性相伴而行的是时间阈限性。任何一个游戏有开始就有结束，虽然时间长短不一。对 Coser 来说，参与 Cosplay 活动占用的主要是他们有限的业余时间而非工作时间，每一次 COS，有的只需半天时间，有的可达三五天。公开举办的动漫展活动，也很少会超过一周。同时大多数 Coser 会随着年龄的增长、兴趣的减弱而逐渐退出 Cosplay 活动。

空间和时间限定，将游戏与日常加以区隔，赋予游戏以“节日性质”。现代的“节日”是与消费和狂欢画等号的，狂欢也就意味着可以破除某些禁忌、陈规陋俗、道德约束，可以将世俗社会

〔1〕 第二届深圳动漫节大幕开启 盛况空前．天涯论坛．http://www.tianya.cn/publicforum/content/3d/1/47740.shtml.

的多种限制暂时放在一边，因为我们处在一个游戏的时空里，可以按游戏的规则而非现实的规则，按本能的、快乐的原则而非社会的、道德的原则做事。这在一些大型的、公开的动漫会展、同人志售卖以及 Cosplay 活动中表现尤其突出。奇装异服，易装，酷儿，同性恋者……以及或明或暗流淌在其间的情欲游戏，这些在日常生活中被视为偏离或出轨的东西，可以在特定的时空里获得临时的合法性，并开出绚烂之花。

奇装异服，易装，酷儿，同性恋者……以及或明或暗流淌在其间的情欲游戏。

温和抵抗的 Cosplay

游戏，历来就是一个富饶的从不缺少争议的话题。一方面，游戏被视为一种早于人类文化而存在的行为，是人的本能欲望，也是完整的人所不可缺少的部分。赫伊津哈强调“游戏是一种重要的文化现象，但在文化出现之前，游戏就已经存在了”[1]。游戏贯穿在远古的蛮荒时期到今天的文明社会，成为人类社会活动中重要的组成部分，游戏无处不在。18 世纪，诗人席勒提出了一个在当时看来简直是惊世骇俗的观点：人生最高、最完美的境界是游戏。他说，只有当人在充分意义上是人的时候，他才游戏；只有当人游戏的时候，他才是完整的人。另一方面，在人类发展的历史长河中，游戏的社会正面意义往往被某些已成定论的道德说教和理性主义排斥在主流文化之外，“玩物丧志”、“幼稚病”、“长不大”之类的说辞便是家长对耽于游戏的青少年的指责，而游戏对于青年人的价值却很少得到父辈文化和主流文化的认同。游戏观念的这种矛盾，在今天的社会文化和价值取向下，显得尤其突出。

人生最高、最完美的境界是游戏。

〔1〕 约翰·赫伊津哈.游戏的人：文化中游戏成分的研究.何道宽，译.广州：花城出版社，2007：5.

历史上对游戏的研究，广泛涉及了生物学、心理学、教育学、人种学、社会学、伦理学和语言学，每个领域都从自身的学科特点出发，形成相对自主独立的理论体系。18 世纪，席勒在论述艺术起源于游戏的理论时，强调指出游戏是人的本能，他认为人类在生活中要受到精神与物质的双重束缚，在这些束缚中就失去了理想和自由。于是人们利用剩余的精神创造一个自由的世界，它就是游戏。这种创造活动产生于人类的本能。这不仅仅解释了艺术的起源，而且是一种具有更深远意义的文化理论。席勒生活在 18 世纪末，错综复杂的世纪末问题，让他感觉到了"文明的矛盾"。文明是人性发展的成果，但现代文明正在无情地撕裂人性，"现在，国家与教会，法律与习俗都分裂开来，享受与劳动脱节，手段与目的脱节，努力和报酬脱节。永远束缚在整体中一个孤零零的断片上，人也就把自己变成一个断片了……人无法发展他生存的和谐，他不是把人性印刻到他的自然本性中去，而是把自己仅仅变成他的职业和科学知识的一种标志"[1]。在席勒看来，现代文明的问题就是人的片面发展造成的人性分裂问题，是人被强制纳入到整体社会组成结构后个性被剥夺的问题，也就是马克思所谓的"人的异化"。因此，挣脱束缚，从片面的人回归完整的人是游戏产生的重要动因。

挣脱束缚，从片面的人回归完整的人是游戏产生的重要动因。

20 世纪 80 年代以来，随着改革开放的日渐深化，中国政治、经济、社会快速摆脱落后、贫穷和简单的生活方式和面貌，进入现代工业的高速成长期。与这个时代同生同长的漫迷和 Cosplay 玩家，从呱呱坠地起就被家长、学校、社会纳入到一种机械的、同一的培养模式和成才模式中。"不要输在人生的起跑线上。"这条最初由婴儿奶粉发展而来的商品广告语，最终得到了家长、学校和社会的一致认同，成为他们共同信守的"真谛"，

[1] 席勒. 美育书简. 徐恒醇，译. 北京：中国文联出版公司，1984：51.

在孩子从小到大的教育培养中得到了不折不扣的实施。从孩子蹒跚学步开始，各种技能培训的项目就纷至沓来，学习汉字不够，还要学习外语；练了绘画不行，还得学乐器演奏；参加演讲比赛之外，还得学习奥数……进入学校教育阶段之后，学生们又开始长达十年的“面壁”时期，有上不完的课程、做不完的作业和没完没了的补习。面临人生重要的转折时期：小升初、初升高以及升入大学，必须承受一轮又一轮决定个人命运的学业考试。“胜者为王，败者为寇。”考出好成绩、考入好学校成为压倒一切的“王道”，游戏被繁重的功课所驱逐，考试系统取代毫无功能利益的游戏。“不要贪玩”，“考上理想的大学”，面对考试和升学制度的压力，家长们迫不得已加强对孩子们的管理，将日常事务大包大揽，让孩子拥有更多的时间学习和休息，但禁止他们从事占用或干扰学习的事情，更视游戏娱乐为仇敌，避之不及。

读书—考上大学—努力工作—赚钱—有房有车，这成为全社会公认的唯一的“成功”之道，是父辈阶层和主流社会强加给青少年的理想人生规划。而持续不断地浸润在这样的成才观中，年轻人也就逐渐将其内化为努力奋斗和不懈追逐的人生终极目标了。游戏和娱乐，要么被驱逐，要么沦为了工具。酷暑炎炎的盛夏，能在清凉无比的游泳池里浸泡一下，能和伙伴们自由自在地游上几个来回，甚至打个水仗什么的，该多爽啊！但是，家长会以种种理由加以阻挠，不安全，泳池卫生条件差，侵占学习时间，等等。可是，一旦游泳项目成为中小学体育测试项目之一，游泳考试合格成为小升初必要条件时，家长们就会无比积极地催促孩子练习。快乐的游戏类型遭受应考制度绑架。

诸如此类的情形不只存在于青少年中，成年人参与体育活动，也不再是享受运动过程本身带来的乐趣，而是为了强身健体，以保证能有更好的体力和精力去工作，去挣钱。体育诞生的初衷即为一种游戏，但随着社会、文化等发展，体育活动被赋予严格的规则和明确的界线。现在的职业运动员参加各类体育竞技比赛，不再信奉“友谊第一，比赛第二”的原则，也不是感受赛场内外的激情和竞争的刺激，而是为了在竞争中胜出，赢取桂冠，赢取高额奖金。

当游戏被世俗功利主义所取代，成为博取功名利禄的工具时，游戏必定会以反游戏的方式出现。

当游戏被成人社会和主流社会加以贬斥，甚至视为与学习相冲突的“罪恶之源”时，游戏只能以另类的方式存在；当游戏被世俗功利主义所取代，成为博取功名利禄的工具时，游戏必定会以反游戏的方式出现；当游戏被所谓的工业文明环境所排挤，被消费时代当做商品消费时，游戏也势必会以其纯粹的回归本义的形态而生长。当这一切，不能在已经贫瘠的传统现实社会中正当地、合法地生存和发展时，网络虚拟世界便自然地成为了青少年的诺亚方舟，引渡他们奔向另一片乐园。在今天的虚拟世界里，青少年已经祭起了一面又一面的游戏大旗，猎猎飘扬，蔚为大观，Cosplay 只是其中一朵小小的奇葩而已。

游戏本身就成为青少年抵抗父辈社会和主流意识形态的一种策略。

游戏从规整划一的社会秩序中游离出来，这一行为本身就意味着对规整划一社会秩序的抵抗。退一步而言，作为娱乐的游戏被青少年们重新纳入自己的生活范畴，甚至让游戏成为自己的生活方式，那么游戏本身就成为青少年抵抗父辈社会和主流意识形态的一种策略。

满足心理欲望的 Cosplay

每一代人都有属于自己的游戏，跳房子、捉迷藏、打鬼子、玩模型……所有的游戏都记载着年少的幸福时光。但在所有的游戏类型里，最迷人不过的是憧憬和想象“长大后的自己”、“无所不能的自己”。年少伙伴之间的玩耍通常也以“我是某某”、“你做某某”开头，树枝、木棍是杀敌护友的武器，围巾桌布是千变万化的魔术道具。小女孩偷偷抹妈妈的口红，穿妈妈的裙子和高跟鞋，想象自己成为美丽的女子；或者模仿电视剧中的“仙女”、“公主”、“女侠”，左一件右一件地试装。男孩子们摆出飞机、坦克、军艇模型，头绑布条，腰扎皮带，你当将军我当士兵，战争的烽火就此点燃。在各式服装、道具的辅助下，他们还可以是“医生”和“病人”，“将军”和“国王”，“神仙”和“怪兽”，“神探”和“小偷”，每一种角色都令人向往，令人着迷。

爱美的小女孩。童年的记忆离不开这样背着妈妈涂脂抹粉的场景。

的确，各种关于身份的想象与角色扮演的实践活动是令人最难以拒绝的游戏方式。换言之，每一个人内心都有一个魔鬼，都不愿意服从现实生活分配给他的角色，都向往与自己当下角色相异的另外的角色，都在寻找和等待逾越现在角色的时机。“生活在别处”，是诗人和旅行家给居家过日子的人描绘的浪漫生活。“生活在别处”就是逃离当下，摆脱日常，走向别处，也是暂别父亲、母亲、儿女的家庭角色，暂别教师、经理、文书的职业角色，在一个没有人认识你的环境中，你可以自由地以任意一个新的角色身份出现。你可以改变你的身份，哪怕成了一个流浪汉，你也可以乔装打扮，以异于自己的性别角色出现。角色的改变，会带我们看世界的不同视角，也带来不同于枯燥日常生活的无法预料的快乐。美国有一个著名的摩托车品牌，它定位的主要消费群体是中产阶级的成年男性，他们有着较高的社会地位和令人羡慕的职业，收入丰厚，生活稳定，但工作忙碌紧张，压力普遍较大。因此，该品牌摩托车通过长年累月的广告推销一种生活方式，那就是，工作时间像白领，努力勤奋，兢兢业业，一丝不苟，而休闲时间就换装换角色，穿上朋克装，戴上雷朋镜，佩上花哨饰品，骑上摩托车，尽情释放内心深处不羁的情怀。角色身份的转换，从某种意义上来说，就是解决关系紧张、情绪对峙、内

角色身份的转换，从某种意义上来说，就是解决关系紧张、情绪对峙、内心不平衡的一种方法。

心不平衡的一种方法。

Cosplay 作为一种扮装活动，很显然就它的本质意义而言，就是角色身份变幻莫测的游戏，它让扮演者超越日常生活中的“我”，成为想象中“我”想要成为的那些人，我所爱慕的那些人。这样的游戏，既为扮演者带来惊喜、激动、刺激和狂欢，带来无与伦比的奇情幻想，带来不断创新的动力，也满足了青少年的好奇心和求知欲，满足了他们从群体交流中获得快乐的愿望，满足了他们被人认可和赞美的努力，满足了他们标新立异、张扬个性的欲求。

反抗禁止、反抗压抑本身也成了一种乐趣。

因此往往会造成这样一种结果，那就是外部世界越排斥就越能激发他们的向往，阻挠的力量越大，反抗的努力就越持久。甚至，反抗禁止、反抗压抑本身也成了一种乐趣。青少年在与父辈们的斗智斗勇中让游戏的快乐加倍增加，颇有文化研究学者约翰·费斯克提出的体现社会弱势群体策略的“周旋的艺术”的特点，即在现实生活中不拥有话语权的弱小者，并不公开地、正面地挑战社会主导者，而是以“偷袭”的方式猎取自己的所需。

那时候我妈的策略是把插头拔下来然后上班走人
然后反复教育我说那个东西有电
不能碰
碰一下就死
然后等她上班走了我总是一声冷笑插上插头
后来我妈把遥控器藏起来了
在装袜子的抽屉里
切，果断掏出来等她回来的时候再赶紧塞回去
后来我妈发现遥控器的位置不对
又换了地方
依然阻止不了我找遥控器的心

后来我妈发现音量的数字不对

果断把遥控器塞包里背到单位晚上再背回来

估计是几次想掏手机都掏出了遥控器自觉丢人

于是每次都假装塞到了包里等我不注意的时候再塞到我家一个大花瓶里

再后来每次我妈回家第一件事就是去摸电视机后盖

在挨过一顿打之后我学会了每次在上面盖一个沾湿的凉毛巾

现在知道这很危险还时常后怕

再后来我妈回家第一件事就是去摸电视屏幕

再次挨过一顿打之后我知道电视屏幕是会带静电的

于是每次听见我妈开门我都会手舞足蹈去擦电视屏幕

时常把我电得无比雀跃

再后来我妈上班之前把有电视的房间都锁起来

一个很意外的机会我在洗衣机里找到了钥匙

再后来我妈使出了“绝杀”

一次盛怒之后她把家里的有线给断掉了

而且是很决绝的方式——用剪刀剪断了有线接头

后来我花了一个下午悉心钻研一个线头一个线头的接了回去

虽然有很多雪花

但还是可以看

再后来

我妈去电信局彻底断掉了我家的有线

从此除了春节

我家两年都没有电视可看

每次我爸都是唉声叹气夹着一堆报纸下班回家

等等

还没结束

我家对面有一个好邻居

从来不拉窗帘

亮闪闪的电视每晚准时在对面照耀着我

于是我拥有了一个望远镜

但是一个礼拜之后我还是失去了它

……〔1〕

小时候，妈妈不让看电视，可电视是青少年多么迷恋的东西啊，于是，孩子就和妈妈玩起了猫捉老鼠的游戏，"拔插头"、"藏遥控器"、"摸电视温度"、"锁房间"、"剪电线"、"切断电视信号"……在这里，"妈妈"显然是一个隐喻，指代的是反"游戏"活动的社会主流意识形态，是控制和排斥游戏的强大的力量。"我"作为一个反抗者，一个"偷猎"者，洞悉妈妈所有的"把戏"，等妈妈离开之后，不动声色地一一破招，一边在心里讥笑妈妈手段的拙劣，一边开心地看电视节目，"一声冷笑插上插头"，"手舞足蹈去擦电视屏幕，时常把我电得无比雀跃"。"我"让妈妈黔驴技穷，还在单位"丢人"，"我"让爸爸"唉声叹气"，让爸妈没有电视没有欢乐。很显然，在这一场游戏与反游戏的战争中，"我"处在弱势，可"我"却凭智慧和游戏精神与强势的父辈打了个平手。这是电视时代青少年的集体记忆。

网络时代，控制与抵抗，强权与偷猎的游戏还在不断地上演。

网络时代，控制与抵抗，强权与偷猎的游戏还在不断地上演。唯一不同的是，网络技术的错综复杂和日新月异，让年轻人的优势得以体现，却让他们的父辈们捉襟见肘，因此，游戏与反

〔1〕 小时候我妈不让我看电视. http://blog.renren.com/share/250072502/8143078184.

游戏的战场从传统的媒介疆域迁徙到网络上，通常胜者是青少年。

众所周知，动漫、游戏在中国始终是一种有争议的存在。早年的动漫作品大多来自非正常渠道的违法产品——盗版，观看和欣赏动漫作品成为一种私底下的偷偷摸摸的行为。日本动漫作品被大量引进之后，原创作品中的色情画面、虐恋、恋童、同性恋等主题和内容又成为社会大众质疑和驱逐动漫和游戏的把柄，因为那些内容被认为是有违一个民族一种文化的伦理道德和社会公德，是毒害青少年的“精神鸦片”，甚至是反人类反人性的。

由于历史和现实的缘故，中国和日本两国之间充满着文化隔阂和文化冲突，因此，有些人偏激地认为日本动漫是在潜移默化地进行文化侵略，传播军国主义思想。曾有这样一则报道引起笔者的关注：

> ……晚上7点多，两名男子和一名女子来到这里准备拍照片，他们所穿黑白两色的长大褂很像日本和服，其中一人还带着把长长的军刀，附近的市民发现后上前质疑，表示附近不远处就是一座侵华日军南京大屠杀遇难同胞纪念碑，这身装扮到此招摇实在让人难以接受。记者随后赶到车站派出所。其中一名男子一再否认自己穿的是日本和服，并说那把刀是从动漫社团借来的，他们只是去那里拍动漫照片。[1]

“日本和服”，“军刀”，“侵华日军”，“南京大屠杀”，这些意象是主

---

〔1〕 薛林.南京两男青年穿日本和服挎东洋刀太过招摇惹众怒.现代快报，2005—10—04.

流意识形态和主导文化历经多年建构起来的日本形象,大量的影视作品、文学创作以及纪念性质的活动不断地强化这一话语,而动漫作品以及由此衍生的御宅族文化实践,Cosplay 文化实践却反其道而行之,Coser 欣赏日本动漫中的美少年美少女,接受贯穿其中的价值观和世界观,也不排斥穿上日本和服,扮演日本军人,偶尔会表露出对日本文化中崇尚的武士道精神和精致文化的钦羡,这虽然不能上升为与主流意识形态和社会主导文化直接的公开叫板,但至少可以认作是由于历史知识的匮乏所表现出态度上的不以为然。

互联网络的广泛使用,进一步促进了在线游戏的繁荣,当成人社会不断指责网络游戏对青少年带来的危害,当学校以种种措施限制青年学生接触网络游戏,当主流社会出台种种政策规训青少年切勿沉迷网络游戏,甚至将“网络成瘾者”视为“精神病者”进行强制性治疗时,Coser 却对此置若罔闻,以自己的身体为载体,通过服装、化妆和其他道具,扮演 ACG 作品中的人物,并乐此不疲。他们愿意为出神入化地扮演某个动漫角色,不厌其烦地动手制作服装道具,在时间和精力的投入上丝毫不吝啬。这是动漫迷对 ACG 作品表示喜爱和敬意的最疯狂的方式。

Cosplay 是依托网络新媒介而发展壮大的扮装游戏。青少年们大多从网络上获悉它的存在,被它所吸引,从而不由自主地被那个奇妙华丽的世界所召唤。在这个世界里,你出生高贵还是低贱,你家庭富有还是贫穷,你学习优秀还是平庸都不重要,只要你愿意投入,敢于挑战高难度的角色,努力完成扮演及相关工作,就会得到大家的欢呼、敬佩、仰慕,就会感到无比的自豪感和成就感,更重要的是能以此定义了与父母、与学校、与社会完全不同的“成功”含义。尽管这种成功是在虚拟空间中获取的,也是稍纵即逝难以带来实际利益的,甚至是通过扮

能以此定义了与父母、与学校、与社会完全不同的“成功”含义。

演"我"之外的角色获取的,但在角色扮演的游戏中"我"按自己的意志而非父母的意志快乐地做人,获得了属于个人的情感体验,享受了自由自在的感觉,得到了无与伦比的愉悦和快乐,"我"做了一回自己。

我是谁？我不知道我是谁。我不断地扮演他人，从中体悟和理解我是谁。当扮演可以随心所欲时，它便被赋予了一种神秘的力量，一种有关选择和表达的权力。

角色扮演与自我認同

“扮演”的历史由来已久，古代社会的图腾、巫术、宗教法事、宗教戏剧中，人们就装扮成各种神灵和鬼怪的形象；乐舞、百戏、杂剧、戏曲中，演员装扮成剧中角色；现代狂欢节、T 台表演、现代行为艺术中的彩妆、彩绘等，无一不是宽泛意义上的“扮演”。这些扮演行为的共同特征是有别于人类日常生活中的服饰装扮，为了达到某种需要或目的，以身体为载体，采用各类艺术形态的服饰、绘画、面具、脸谱等手段，改变某人的形貌和身份，使其成为所扮演的角色的形貌和身份的行为。具体到 Cosplay 而言，青少年群体是这个活动的主体人群，扮装是这种文化实践活动最核心的关键词。这里的“扮装”不同于日常生活中那些潮男潮女的时尚装束，也不同于戏曲舞台上的演出服装。它与日常着装有鲜明的界限，只局限在特定的时空穿着；与演出服装也不同，它不是由导演根据剧情需要挑选的，而是 Coser 出于对某个 ACG 人物的热爱，刻意再现这个人物神韵时所模仿的穿着。动漫迷们为何将自己扮演成 ACG 中的人物，心理动机并不像他们自己轻描淡写所说的那样仅仅是因为“喜欢某个人物了到无以复加的地步”，真实的情形要复杂得多。

角色扮演是一种游戏活动，但其意义又不止于游戏，而是包含着各种功能的文化行为。从 Cosplay 活动的本义来看，它是青少年游戏欲望、娱乐欲望驱使下的行为产物，但当外界抵近它，并投去深深一瞥时，不难发现，Cosplay 舞台上那些正在盛装上演、灿烂炫目、个性化十足的“演员”，曾经是大家那么熟悉的邻家孩子，是其貌不扬的平凡学生。戏台上一副面孔，戏台下一副面孔，台上台下，判若两人。为什么他们将自己用另一副面孔呈现出来？哪一个更接近真实的他们？Cosplay 到底给他们带来了什么？他们为何如此沉迷于这种游戏？在探寻这些问题答案的过程中，笔者似乎触碰到了这一戏剧化现象背后的某种

角色扮演是一种游戏活动，但其意义又不止于游戏，而是包含着各种功能的文化行为。

真实灵魂。

自我认同的断裂与重建

社会心理学家蒂博特和凯利早在1959年就提到,社会生活中存在着对个体行为的"期望系统"。另一位社会心理学家库利对此进行了更系统化、更具体的阐述,他认为,自我的身份认同是一个过程,是在社会交往和互动中产生的。个体与个体在互动过程中相互作用,彼此理解对方的姿态,并且根据对方的看法重新认识自己、调整自己。所以说,一个人对自我意识和身份认同,无非是"他者"对自己看法的反映。每一个"他者"都是自我的一面镜子,社会主流文化形态则是青少年自我认同最重要的依据。

在没有完全社会化之前,青少年生活的环境对他们的主体意识和自我身份认同影响巨大:在家庭生活中,他们通过与父母朝夕相处、共同生活、沟通交流、情感依存等方式潜移默化地接受父母的言传身教;在学校中,他们通过接受系统而全面的知识教育,通过种种组织纪律和考试制度,将社会主流文化形态所认同的价值体系内化为自我意识的一部分;在社会环境中,他们主要通过大众媒体和文化活动获得多元杂乱的价值观念。家庭、学校、媒体成为影响青少年自我认知和自我认同的"社会期望系统"中的最主要因素。

在中国社会改革和思想解放之前,家庭、学校和大众媒体是以比较统一的、整体的面貌出现的,三者之间有着密切的联系,那就是主流文化形态渗透在家庭教育、学校教育和媒体教育之中。比如,20世纪80年代初期,主流文化形态鼓励和提倡青少年要做一个爱国爱党爱人民,富有理想主义和献身精神的"四化"青年;家长对孩子的期望是读好书,考上好学校,找到好工作，做一个对社会有用的人。媒体塑造了一批有激情、有理想、肯拼搏的时代典型人物，如张海迪、李宁等，将主流价值观具体到一个又一个可触可摸的人物形象上。也就是说，家庭、学校和社会作为一个“期望系统”传达给青少年一种统一的角色期待，或者说是一种相同的角色召唤，除此之外，青少年没有更多的外在于自己的“期待系统”可供选择。因此，不管你是否认同，是否接受这个由社会提供的“角色”，它们都在你完成自我认同的过程中起着重要作用。听从社会给定的角色召唤，努力向这样的角色期待靠拢，顺利完成自我身份的认同，那你就是“热爱国家”、“热爱社会”、“积极工作”、“遵守传统道德”、“有理想有抱负”、“为社会作贡献”的好青年，是社会规范和世俗生活所认为的“好孩子”，被表扬，被奖励。反之，便成为“坏孩子”被批评，被惩罚，被视为反面教材。

问题是，这种被强制性规范和统一起来的“社会期待系统”具有高度的不稳定性。就青少年自身的生理和心智来说，他们如同一座处在活跃期的火山，一个地震断裂带上的板块，热情随时迸发，充满了想象和创造力，又变幻莫测、动荡不安，充满了不羁和叛逆，世界在他们眼里不是一成不变的，相反，是充满了各种各样可能性的。他们是最难安于现状、接受陈规的一个群体，因此，主流社会和父辈阶层为他们所确立的价值标准、道德规范未必就是他们认同和接受的，有时甚至是故意要与这套规范标准对着干。换句话说，与“社会期待系统”的差异，抵触、反叛是青少年与生俱来的气质，具有宿命意味。而当他们将目光投向别处，如果找不到恰当的，能唤起他们认同的价值体系，尤其是当他们面对真实的社会生活和文化时，鲜明的反差和强烈的断裂感，将把他们推向困惑、迷惘和不解的泥淖，于是，吉登斯所谓的“自我认同的危机”就产生了。

抵触、反叛是青少年与生俱来的气质，具有宿命意味。

从词源上讲，“认同”(identity) 一词起源于拉丁文 idem (即相同)。在哲学和逻辑学中,identity 被译成“同一性”,它既表示两者之间的相同或同一,也表示同一事物在时空跨度中所体现出来的一致性和连贯性。自我认同(self-identity),即“个体依据个人的经历所反思性地理解到的自我”[1]。“社会期待系统”所确立的价值标准,曾经有其高度统一性和强制性,这造成了在校学习期间青少年群体不得不接受虽然单一但却是比较一致的价值观念,大部分学生也将其内化为自己的认同,因此,主体同一性的断裂,自我身份的焦虑并没有成为一个很大的社会问题。进入后现代社会之后,主流社会和父辈阶层所强调的价值体系遭遇前所未有的挑战,整齐划一的社会规范沦为多元矛盾的存在,与以往很不同的是,青少年除了接受家庭、学校、大众媒体给予的认同路径外,可以经由更开放的社会环境和更多样的媒体文化环境获得自我认同的新的途径,其中,网络媒体的力量显然是前所未有的,它赋予了青少年群体自主选择、自我建构、自我创造的广阔天地。至此,也就是当下社会,青少年自我认同可以说并不完全是由外部给定,由主流社会钦定,个体也可以依据自己的经验进行反思,通过内在参照系统形成自我反思性,由此形成自我认同。这样,对自我认同的“内容”必定会依据社会和文化的改变而改变,而当外部的“社会期待系统”与内在参照系发生冲突时,自我认同必将失去一致性,认同危机便如影随形。

另一方面,一个人的社会身份是既定的,比如在踏入社会之前的十多年的读书时期,每个人都拥有“学生”这个稳定的身份。固定的社会身份规定了个人行为,随之便有了对个人角色以及所从事活动的认知。处于稳定秩序中的个体,通过他在秩序中所处的位置而获得对自己身份的认同感。当既定的身份发生转

〔1〕 安东尼·吉登斯.现代与自我认同.赵旭东等,译,上海:三联书店,1998:275.

换，又有多种认同/身份可供选择，并且这些不同认同领域和认同范畴相互交叉，相互冲突，甚至相互矛盾时，深深的认同危机便不可避免地产生。比如，当一个女大学生完成学业、结束学生身份时，她面临多种身份选择的可能性：继续留在学校，攻硕读博；参加工作，成为自食其力者；自己创业，完成梦想；嫁人，做个全职家庭主妇……当梦想和现实发生冲突，当“想成为什么样的人”和“只能成为什么样的人”相悖离时，主体的同一性就会产生断裂。

而笔者所考察的 Cosplay 活动的主体人群，无论是生理心理还是社会角色，都恰恰是处于自我认同由一致向断裂、由统一向分化、由单一向多元转换的过程中。他们已经充分意识到主流社会和父辈阶层作为“他者”是一种不同于自我的存在，但“自我”是什么，却仍然是未解之谜。“他者”和“自我”是一对相依相存的概念，没有“他者”无法意识到“自我”，就如同没有父亲的差异化存在，儿子就无从认知自己一样。因此，如果“自我”完全认同“他者”，“他者”的作用被提升到与“自我”等量齐观的地位，“自我”的蜕变就不会发生，“自我”会走向“他者”，两者合二为一的结果便是“自我”某种程度的丧失。青少年群体中完全认同主流价值观、顺应主流意识形态、与父辈文化高度融洽的被称之为“青年文化”的部分，就是将“自我”淹没在“他者”中的文化。相反，只有“自我”意识到“他者”存在，又在否定性的意义上接受“他者”，才能确立“自我”的存在。也就是说，除非自我对他者有所了解，否则自己不会成为自己。当青少年群体意识到主流社会和父辈的期待与召唤，但个体又不能积极地加以认同和接受，让其完全成为自己的理想和目标时，“我是谁？”“我可以是谁？”“我应该是谁？”诸如此类的问题便挥之不去。

除非自我对他者有所了解，否则自己不会成为自己。

要找到“我是谁？”的答案，至少关涉自我同一性的建构、自我归属感的获得和自我意义感的追寻三个层面。但恰恰是对这些问题的追问，在后现代社会中找不到统一的、标准的答案。中国社会虽然贫富不均、城乡差别巨大、地区发展严重失调，但吉登斯所描述的社会问题和个人困境令国人感同身受，比如传统社区衰落给现代人带来的乡土丧失感、飘零感和孤立感；个性化价值追求与机器化大生产之间的矛盾；人与人之间的亲密关系，被民族国家等宏大叙事所拆解；个体与共同体相互分离，自我不容易形成共同体所必需的献身精神；等等。当认同"已经变得具有很强的流动性，它已经从过去被认为是在限制它的社会结构的基础中脱离出来；我们现在更有能力去选择各种不同的我们想变成'我'的那些'被提供出来的你们'"〔1〕，当人们被无穷无尽的选择以及身份感所决定时，人们的认同感就开始失去了焦点，自我同一性的解构、自我归属感的匮乏和自我意义感的丧失便是当下的实际情形。

认同危机和认同焦虑，导致内心的彷徨迷失、沮丧不满等种种心理和情绪的出现，青少年需要通过某种方式的"呐喊"完成情感释放和自我表达，抒发心中对被规定、被召唤的"自我"的不满和愤懑，并且努力寻找四处飘零、尚未清晰的"自我"。他们渴望舞台，渴望话语权，渴望表达自我，于是，种种由青少年自己创生的亚文化就因需而生，无厘头的恶搞，自恋炫耀的自拍自曝，沉醉不归的粉丝族群……凡此种种，不胜枚举，而 Cosplay 只不过是琳琅满目的亚文化类型中一种比较突出的文化实践而已。然而现实的情形是，主流社会和父辈阶层往往将青少年表达"差异"和"说 NO"的渴求视为青春期的躁动和叛逆，视为不利于社会稳定的"越轨"行为，从而千方百计地动用各种权力，希望重新将他们纳入到"正常"的轨道上来。家庭、学校、大众媒体，成为

〔1〕 Jacques Derrida. *Positions*. Translated by Alan Bass. University of Chicago press, 1981: 41.

行使权力和权力争夺的场域。从传统意义上来说，青少年在这些领域中是处于绝对弱势地位的：在家中，他们是子女，是父母的听命者；在学校，他们是被教育者，是老师耳提面命的对象；在大众媒体视域中，他们是读者和观众，是被动的信息接受者。那是作为青少年“他者”的主流社会和父辈们垄断的场域，青少年没有选择权、话语权，相反，他们的观点和话语通常会被主流社会进行鉴定和选择，剥夺和改造其中的意义，甚至将之变成主流文化的装饰品，尤其是那些“无法驯服”的“特立独行者”，常会被媒体渲染成“道德恐慌”的源头。

拒绝认同“社会期待系统”给定的价值标准，后现代社会多元化选择造成的无从选择，自我同一性的断裂，话语权被剥夺……这种种困境是青少年群体所遇到的集体性问题，主流社会和父辈期待及召唤的那个“我”，在青年人看来，“这不是我”，“我不想成为他们想要的那个我”；“我们”不是他们，“我们”和“他们”是不同的，是有差异的。

我不想成为他们想要的那个我。

否定中的自我认同

对差异的认知，对“我是谁？”的苦苦追寻，促使青少年群体将自我身份的寻找与认同变成一个无可逾越的、首当其冲的人生要义。斯图亚特·霍尔(Stuart Hall)指出，“认同从根本上说是一个主体问题，是主体在特定社会——文化关系中的一种关系定位和自我确认，一种有关自我主体性的建构与追问”[1]。因为差异的存在，青少年开始在这个世界中重新思索自己的活动空间，寻找自我身份建构的途径。科内尔·韦斯特认为，差异

〔1〕 Stuart Hall & Paul de Gey, eds. *Questions of Cultural Identity*. London: Sage Publication Ltd, 1996.

可以为“非道德化的、被遣散的、被剥夺政治权利的和被开除组织的”等被压制的少数人群体获取权力提供多元和合法性的强有力的武器[1]。

青少年是被社会边缘化的群体，是在大多数领域被剥夺了话语权的少数人群体，为此，青少年无时无刻不在以自己的方式与之抗衡，企图传达自己的声音，获取属于自己的场域。而文化创新无疑是他们最擅长、最愿意尝试，也最有可能显示与主流文化和父辈文化差异性的领域，互联网新媒体时代如火如荼、方兴未艾的青年亚文化便是最好的写照。

青年亚文化是与主流文化有差异的文化存在样式，它是一个有意义的系统，“是由社会结构中的特殊部分组成的群体，它是在试图与所在社会形势下的矛盾达成妥协的过程中而发展起来的表达方式”[2]。每一种青年亚文化的出现，都是青少年关于自身身份的表达，是与主流社会和父辈文化抵抗、协商、博弈、互渗的结果，可以说，无论是西方 20 世纪 50、60 年代摇滚乐的兴盛，70 年代朋克、摩登族、嬉皮士、光头仔、无赖青年的活跃，还是今天所看到的风行新媒体世界的粉丝文化、恶搞文化，都是一种表达的渠道，一种情绪的释放，一种象征性解决问题的方式，一种仪式性的抵抗，Cosplay 作为一种亚文化形式也不例外。

一种表达的渠道，一种情绪的释放，一种象征性解决问题的方式，一种仪式性的抵抗。

Cosplay 扮演的摹本最主要是日本动漫。根据费斯克有关大众文化受众积极接受的理论显示，青少年在购买、阅读、观看动漫作品时，并不完全是在被动地消费着这些文化产品，在很大

---

〔1〕 转引自季中扬. 论“文化研究”领域的认同概念. 求索，2010(5).

〔2〕 迈克尔·布雷克. 越轨青年文化比较. 岳西宽，译. 北京：北京理工大学出版社，1989：36.

程度上他们其实是在消费文本的过程中生产出属于自己的意义和快感。这种隐蔽的、游击式的、恶作剧式的意义再生产方式，相比那些外显的、激烈的政治对抗运动，更加融入日常生活中，也更加显示出抵抗的灵活性和策略性。

流行动漫作品的创作者大多深谙青少年身心特征和思维方式，采用的是迎合他们喜好的符号和话语系统，生产的是符合青少年对自身与世界看法的文本。与生俱来的青春气质，完整成熟的故事架构，个性迥异的角色描绘，基于现实又天马行空的情节，像一面魔幻之镜给青少年展示了一个似真非真的世界，提供了一个任由他们驰骋的宽阔意义空间。青少年在故事中可以看到另一个更完美的自我和更丰富多彩的世界，在现实中无处安放的幻想与被压抑的勇气也可以在动漫作品中得到释放。可以说，每个青少年都能利用动漫找到属于自己的原型（"我"是谁），找到理想化的个体状态（"我"该是怎样），找到对抗现实的勇气（"我"就是和"他们"不一样）。

> 这是一个忍者的世界。因从小身上封印着邪恶的九尾妖狐，鸣人受尽了村人的冷落，只是拼命用各种恶作剧试图吸引大家的注意力。好在还有依鲁卡老师关心他，鸣人的性格才没有变得扭曲。他总是干劲十足，超级乐观。为了让更多的人认可自己，鸣人的目标是成为第六代火影！鸣人的同伴，是由老师确定的同班同学，随着共同的战斗，终于成了互相认可、信赖的好伙伴。[1]

这是百度百科关于动漫作品《火影忍者》的简要介绍。《火影忍者》是日本漫画家岸本齐史的代表作，作品自 1999 年开始

〔1〕 火影忍者.百度百科.http://baike.baidu.com/view/2321.htm.

在日本周刊《少年 JUMP》上连载后，至今仍得到很多读者持续热烈的喜爱。2000 年被介绍到中国后，迅速聚集起了大批忠实的青少年粉丝，据资料显示，截至 2011 年 3 月，《火影忍者》的简体中文版已发行至第 53 卷。故事成功地讲述了那些原本隐藏在黑暗中、需要具有世界上最强大的毅力、最艰辛的努力、能做最秘不可宣和隐讳残酷的事情的忍者。故事中“忍者”的世界以古代日本忍者世界为原本，而情节自然是虚构的。在这里，每一位年轻的主人公都必须历尽磨难、经受考验，以开拓属于自己的“忍道”。忍者、妖狐、忍术、战斗、伙伴、最高目标，这一系列极具奇幻色彩的元素完全契合青少年热衷于幻想和追求力量的心理，由此深得他们的喜爱和追捧，海内外有无数 Coser 曾经而且至今都乐于扮演其中的角色，可以说，这部作品是迄今为止动漫圈能享受“圣经”荣誉的为数不多的作品之一。

“挫折—成长—合作—战斗—胜利。”的命运模式。

大量赢得青少年喜爱的 ACG 作品，尽管奇情异想的世界斑驳陆离，人物性格和形象多姿多彩，故事情节也异彩纷呈，但如果透过故事形态的外表，直抵普洛普所谓的“叙事功能”，可以清晰地分辨出与《火影忍者》相似的结构元素，这其中最典型的莫过于“挫折—成长—合作—战斗—胜利”的命运模式。在《火影忍者》中，“鸣人”的乐观积极、“佐助”的聪明骄傲、“我爱罗”的强大内向、“小樱”的活泼坚韧，以及“和伙伴一起，战胜敌人”的叙事框架，既倒映出生活于

动漫作品《火影忍者》。这部多角色、长剧情、大型的奇幻作品从连载开始至今依旧火热。

现实社会中的不同类型、不同性格、不同经历的青少年“自我”，也体现出大多数青少年对于个人如何获得成功的基本理解，从而完成“只要付出努力，就能获得最终成功”的自我价值观的建构。

在“挫折—成长—合作—战斗—胜利”的命运模式基础上，动漫作品的故事叙事还演绎出几种略有差异的讲述方式：

> 中岛阳子是无论从哪方面看都非常平凡的女高中生。一天，一个名叫“景麒”的金发青年突然出现在阳子面前，接着阳子又遭到异形怪兽的袭击。景麒称呼阳子为主上，并把她带入了从未听说过的异世界。这个异世界有十二个国家，由十二个国王和十二头麒麟共同治理，十分不可思议。经过种种事件后，阳子获知自己是其中一个国家的“王”这个不可抗拒的事实，并且必须承担起沉重的责任。因此，阳子走上了由一位柔弱的少女逐渐成长为女王的残酷道路。[1]（《十二国记》）

这是现今流行的“穿越类”作品，时间倒流循环回复，空间充满异域情调，平庸懵懂的女高中生借助神秘事件和不可理喻的力量，穿越时空成为一国之主，从而完成“平凡—高人指点—历经磨难—成功”的情节模式。

> 美堂蛮和天野银次都是拥有特别能力的人。美堂蛮有一双“邪眼”，可以凭借自己的意志让人看到各种幻象。而天野银次的体内潜伏着高压电流。他们利用这种天赐的能力从事“夺回者”工作，即把委托人被夺走的东西取回来。

〔1〕 十二国记．百度百科．http：//baike.baidu.com/view/30460.htm.

但即使有多么特殊的能力，所从事工作的危险性都是很高的。在一次次危险的战斗中，他们结识了一群和自己一样有超能力的朋友们，以及一群凶残的敌人。为了破解自己的身世、为了朋友们的未来，这一群人踏上探索、挑战无限城之神的旅途。[1]

这是《闪灵二人组》的故事梗概，完成的是“身怀绝技—挫折—得到帮助—成功”的情节模式，突出强调了与伙伴合作的重要性。

从这几种情节略有差异，但基本相似的叙事模式中，我们可以发现一个非常有趣的现象，那就是尽管动漫文本中充满了奇情异想、叛逆不羁，但故事最终都会指向主人公的成功。“如何获得成功？”这是动漫作品刻意经营出来的一个“永恒话题”，也是动漫迷们最为关心的问题之一，因此，“成功”成为了自我认同不可或缺的重要内涵，而获得成功的可能，除了取决于自己是否努力之外，还必须借助于外力，包括神秘力量的支持、伙伴们的合作、忠诚的友谊，等等。

“信念”、“合作”、“友谊”、“成功”，诸如此类的话语和价值观，在很大程度上不是吻合了主流社会和父辈阶层所期待、所召唤的价值观和是非观吗？的确，看似发生在另一个世界中的故事，却是以不同的叙事方式和人物角色分享和强化了主流价值观。这恰恰说明，青年亚文化并不完全独立于主流文化之外，对主流文化的态度也不只是简单的抵抗和排斥，两者的关系处于说不清理还乱、割不断又缠绕的父与子、母与女之间的那种复杂状态。对此，哈罗德·伊罗生做了形象的说明：“在母子之间那条脐带剪断的那一刻，人与过去的联系就被另一条脐带接上。

青年亚文化并不完全独立于主流文化之外，对主流文化的态度也不只是简单的抵抗和排斥。

[1] 闪灵二人组. 百度百科. http://baike.baidu.com/view/94870.htm.

过去化成姓名、符号、标志、传说，刻在琳琅满目的牌饰上，马上挂满了新生儿的颈项，或绣在襁褓上，密密包裹着他，温暖有如刚离开的母体。在孩子能够了解这些东西之前，从过去继承过来的种种标签已经团团贴在他的身上；在他能'听'之前，有关他是从哪里来的起源故事，已经有人告诉他；他将往何处去，这个世界的'真相'，先人的'历史'，以及为这一切赋予意义的'传说'，也都已经传给了他。"[1]否定中的认同，反抗中的协商，自我认同中的这种复杂性在漫画文本被接受的过程中得到充分体现。

当然，肯定两者的关联并不意味着将他们完全等同，那是一种粗暴的态度，一种不负责任的态度。事实上，动漫迷们和Cosplay活动在演绎何为"成功"、如何追求"成功"时表现出了青年亚文化那种被赫伯迪奇称为"风格"化的抵抗。

> 樱木花道，湘北高校一年级生，对任何事都不屑的"不良少年"。初中被50个女生抛弃，因第50个女生一句"我喜欢的是篮球队的小田"而对篮球深恶痛绝。上高中的第一天，不经意被美少女赤木晴子的一句："你喜欢篮球吗？"又燃起希望。为得到晴子的芳心，花道加入篮球队，并以惊人的速度进步。在湘北篮球队中，队长赤木刚宪是一位一直因缺少好队友而无法出人头地的DUNK高手。然而在这一年，初中时已是篮球高手的流川枫，大病初愈的宫城良田，曾误入歧途的初中MVP三井寿的纷纷加入，使赤木队长称霸全国不再只是梦想。[2]

---

〔1〕 哈罗德·伊罗生．群氓之族：群体认同与政治变迁．邓伯宸，译．桂林：广西师范大学出版社，2008：156．

〔2〕 灌篮高手．百度百科．http：//baike.baidu.com/view/14938.htm．

《灌篮高手》这部动漫作品讲述的也是一群青少年走向成功的故事，比较特别之处在于，故事的主人公不仅仅是平凡普通、调皮捣蛋的学生，而且是现实生活中被贴上"越轨者"标签的不良少年，是考试常常不及格的学生，是无视学校规定的怪人，是走入歧途的孩子，是极其嚣张的坏小子，总而言之，是"一群被主流社会所定义的离经叛道者"，是没有机会表现自己、赢得荣誉的人，是被现实"成功"模式彻底抛弃的人。但是，在漫画世界中，一切不可能的事情皆有可能，坏小子们在保持独特个性的同时，可以借助伙伴之间坚固的友谊，无所畏惧的决心和集体力量，最终获得他人的认可和尊重，获得成功。

与此同时，在动漫作品和 Cosplay 活动这些青春飞扬的文化类别中，被青少年所认可的成功价值观，也被有意识地过滤掉了许多现实社会生活中的杂质，令其透露出特别纯粹的特质。他们所认同的"成功"，不是世俗社会唯金钱和权力至上的成功，而是包括诸如诚实、正义、荣誉、尊重、友谊、爱情等道德品质和精神品格的成功。尤其是在现在这样一个利益关系错综复杂，社会阶层固化断绝普通人发展可能，自我奋斗不如有个好爸妈，年轻人普遍缺乏安全感和前途感的社会文化中，动漫文本和角色诠释的"只要努力就能获得成功"的故事，就成为一种具有反社会意义、特别令人动容的，带着浓重理想主义色彩的信念——我就是我，我可以掌握我的命运。

我就是我，我可以掌握我的命运。

可以说，青少年通过消费和参与漫画文本的生产，似乎在想象中抵抗住了来自现实的压力和反差，仪式性地解决了集体所面临的困境。漫画世界成为一个充满各种改变命运可能的世界，一个充满希望的世界，在这个世界中，反叛、个性、勇气、挑战，这些被压抑和封锁的青春气质，在"乌托邦"中被高调称道；那些被贴上"坏"标签的孩子，在这里也同样能找到"志同道合"者，一切被现实世界拒绝的东西在这里得到复活，每一个个体的

“我”都可以在故事中找到自己，在想象中用自己认同的符号置换现实中被别人贴上的标签，“我是天才。”“我一直都是有话就直说，这就是我的忍道。”角色大声说出这些话的时候，不仅将故事情节推向一个高潮，也成功地“召唤”了它的铁杆粉丝们。

写给那个一直在努力去实现自己目标的孩子：鸣人（《火影忍者》）……孩子的冲劲和激情就如夏天划过森林的疾风，强劲而有力，坚定而执著……疾风一般扫过，陈旧的，沉寂的，腐朽的，落后的，凋零……通通归于一场盛大的鲜活——“我，要走我的忍道！！”[1]（飞菲飞过）

《灌篮高手》是伟大的，它的伟大在于它所能够带给我们的，除了视觉冲击，更多的是精神层面的激励和感动。它没有任何说教，没有高深的台词，却蕴含了如此深厚的人生哲理。它没有山盟海誓，没有过多的豪言壮语，却让无数男孩子为之落泪，如痴如醉。灌篮高手，是一部真正属于男子汉的漫画，它告诉我们，一个真正的血性男儿，应该是什么样子。[2]（神古瞳）

与动漫作品中青少年唱主角不同，成年人的角色通常被置于“陪衬”的地位，甚至是“缺席”或“对立”的状态。比如《火影忍者》中的伊鲁卡老师，三代火影爷爷，其身份和价值就是保护和陪伴主人公鸣人，必要时给予他力量；《灌篮高手》中的安西教练则是一帮少年篮球员的精神支柱，他永远慈眉善目、心平气和，

---

〔1〕 致鸣人．百度贴吧．http：//tieba.baidu.com/f? kz=446534112.

〔2〕 我热爱《灌篮高手》的五大理由．百度贴吧．http：//tieba.baidu.com/f? kz=698294230.

并在孩子们最需要的时候起到鼓舞士气的作用；还有《死神Bleach》男主角黑崎一护的老爸黑崎一心，本来就身怀绝技，平时嘻嘻哈哈和儿女们闹成一团，但在关键的时候永远引导着孩子们的前进，是典型的“酷老爸”。可以说，这些与孩子们站在同一阵营里的成人角色是受到大家喜爱的，相反，如果站在他们的对立面，那毫无疑问会成为反面角色，成为孩子们要“打倒”的角色。

动漫作品中还有一类非常有意思的成年人角色，他们为人父，为人师，但不失年轻的心，身上也延续着浓重的“青少年”风格——“桀骜不驯”。如无视迂腐的社会规定，有着强大的力量、独立的思想、敢于斗争、以恶治恶，有着极其个性化的人格魅力。这类角色数量并不少，可以视为青少年所幻想和认同的“成人版”。其中的代表有《火影忍者》中的卡卡西老师。

卡卡西是一位神秘莫测的天才忍者，表面上，他对身边发生的事情睁着一只眼闭着一只眼，一副懒洋洋不认真的样子，经常迟到且总为自己寻找差强人意的借口，还喜欢阅读色情小说。但是，当他摇身一变认真起来时，又是完全不同的样子，他身怀绝技，沉着冷静，带点忧郁和自责。这种矛盾的、变幻的性格在卡卡西的典型语录里可以窥见一斑：“我的名字是卡卡西，喜欢的东西和不喜欢的东西……不想告诉你们，将来的梦想嘛……兴趣也是多种多样的……”“今天我在人生的道路上迷路了……”“忍者不能按常理来思考……”

青少年在动漫世界里拥有绝对的自主权。

青少年在动漫世界里拥有绝对的自主权。他们在解读动漫作品的过程中，将角色与自己的人生、经验、欲望产生积极的关联，从而释放被压抑的个性，获得精神愉悦和情感满足。更重要的是，通过对动漫作品的主动阅读，比如自己动手临摹漫画作品，COS 动漫角色，乃至尝试创作动漫作品，他们能不同程度地借由动漫角色找到自己的原型(即“我”是谁)，找到理想化的个体状态(即“我”该是怎样),找到对抗现实的勇气(即“我”就是和“他们”不一样)。另一方面,成人父辈作为“他者”在动漫中的差异化存在,进一步突出和彰显了青少年的自我。

虚拟角色扮演中的真实认同

阿尔伯特·科恩曾说过,人们的行为取决于他们所面临的问题,而所有导致问题的各种因素和环境,或者源于行动者的“参照系”,或者源于行动者所面临的处境。[1] Cosplay 活动的主体是青少年,在自我认同过程中,一方面他们尚未脱离稚气,对周遭一切事物存有强烈的好奇心和乐于体验的倾向;另一方面,其自尊心已经勃发,开始产生强烈的自我意识,但身心尚未成熟和社会经验的缺乏,造成他们不能完整地建立自己的价值观念体系,不能完整地认识自我。于是,外在于自己的参照人物便构成了他们自我认同不可或缺的重要因素。

在这个意义上,“扮演”是一种有意义的文化实践,“扮演”意味着让自己暂时隐藏或消失,让被扮演者披挂整齐,闪亮登场,于是自我消遁,他者现身。这究竟是在否定自我,还是在积极地寻找自我? Cosplay“角色扮演”的要义是“被扮演者”必须是自己最喜欢的角色,喜欢意味着一种积极的认同,意味着让令人不甚满意的自我隐入幕后,让理想和完美的自我活跃于前台。因此需要进一步追问的是,那些令 Coser 梦牵魂绕的,得到他们认同的理想人物具有何等的品质?

“扮演”意味着让自己暂时隐藏或消失,让被扮演者披挂整齐,闪亮登场,于是自我消遁,他者现身。

笔者选取百度“Cosplay 贴吧/优秀作品区”作为抽样框,从 2007 年 7 月到 2011 年 7 月 5 年间上传的 525 份 COS 作品中进

[1] 阿尔伯特·科恩.亚文化的一般理论.朱依娜,译//陶东风.亚文化读本.北京:北京大学出版社,2011:4.

行内容上的分类统计，从中可以发现Cosplay选取的摹本种类主要有日本动漫、国产动漫、影视题材、国产小说、原创作品、游戏题材、人形娃娃等。其中，数量最多的是扮演日本动漫中的角色，共有332份；其次是游戏类人物，共有59份；再次是国产小说中的人物，共有57份。被COS的代表作品有日本动漫《黑执事》《人型天使电脑心》，国产动漫《长安幻夜》《秦时明月》，游戏《仙剑奇侠传》《真三国无双》和国产小说《盗墓笔记》《花容天下》等。据此可以初步判断，Cosplay活动中选择扮演的绝大部分角色是虚拟类的人物，这些角色不拘一格，丰富多彩，代表了青少年所认同的最完美的自我，折射出他们的情感体认和价值倾向。

为什么虚拟人物角色会成为COS的首选对象，而不是诸如“感动中国”人物、年度道德楷模、娱乐体育界明星之类的呢？

让我们先将目光投射到动漫作品和Cosplay扮装活动之外加以考察。20世纪80、90年代，随着邓丽君的“靡靡之音”在大陆唱响，港台明星蜂拥而至，急风暴雨似地激荡着青少年的心灵和生活。当时，这些青春明星与主流社会和主流意识形态所塑造的“榜样”、“标兵”、“楷模”迥然不同，歌星们活力劲爆的歌舞风格、潇洒不羁的个人形象、特立独行的生活方式让年轻人为之着迷，为之沉醉。年轻人从苦练小虎队的舞姿一直到模仿张学友的歌声，从烫费翔式的“爆炸头”到梳郭富城的“中分头”，从学张明敏穿中式服装到学周润发和古惑仔们戴墨镜的模样，从模仿周星驰的说话方式到拷贝周杰伦的行为动作，都唯恐自己落伍似的努力向自己认同的明星靠拢，并以此标榜自己所谓的时尚个性的生活态度，在“偶像”魅力人生的映照下，仿佛窥见了“另一个自己”或者是“未来自己”精彩纷呈的倒影。

继港台风之后，“哈日”、“哈韩”袭来，泷泽秀明、松隆子、金喜善、张东健等明星在大陆青少年生活中又引领起另一波风潮。

与之前的港台明星相比，日韩明星形象更积极、更青春、更美丽、更浪漫。电视剧《蓝色生死恋》《浪漫满屋》《高校教师》《一吻定情》等韩剧、日剧，以青少年群体为主角，正面展开了他们的校园生活、爱情故事、娱乐方式，既写实又充满幻想，既是日常的又是最浪漫的，恰到好处地迎合了年轻人青春期偏爱幻想、追求新奇的心理特征。日韩的流行乐团如“SMAP 组合”、“早安少女”、“东方神起”、“少女时代”等，比起港台明星在风格定位上更鲜明，着装上更时尚，歌曲和舞姿颇有讲究也更具魅力。这些明星时时刻刻引领着年轻人流行潮流和审美趣味，成为新一代年轻人张扬青春、寻找个人认同与情感投射的渠道和方式。

日韩风尚未平息，国内电视台推出了全民关注的“超女”、“快男”等真人秀节目，李宇春、周笔畅、尚雯婕等新一代“平民偶像”在争议声中诞生。与以往的明星偶像不同，平民偶像来自底层，来自普通家庭，来自年轻人自己的同学和朋友，他（她）也许就是隔壁班级的同学，也许就是邻家和自己一起长大的孩子。平民明星们平凡的出身和家庭背景不仅让年轻人没有距离感，更重要的是让他们感到几乎可触的真实，看到仿佛伸手可及的希望。随着一批又一批“平民明星”的瞬间爆红和成功，青少年们似乎也就看到了自己成功的希望。

由此可以认识到，青少年对“自我”身份的寻找和认同其实一直都没有中止过，只不过随着政治、经济、社会和文化的不断变化，认同的对象也在发生变化而已。无论哪个时代，能成为青少年自我认同参照的对象，总是那些与社会生活不完全相融，有自己独特个性和品质，能寄寓青少年幻想的人物。

但是，得益于信息丰富、多样和开放的社会文化语境，流行文化的生产和传播机制越来越透明，国内外明星包装的不择手段、“好莱坞”式浪漫和梦想的生产方式、娱乐产业的运作规律，已为越来越多的人所了解；“真人青春童话”的流水线生产方式和参差不齐的明星队伍，带来了审美重复与审美疲劳。部分明星虚夸浮华的生活方式，道德败坏的不良绯闻，狂妄低劣的言语行为，披露越多，就越令年轻人大失所望。明星的光环开始消逝，明星的光辉开始黯然，而青年亚文化借助互联网新媒介力量的开疆拓土，在加速主流文化所推崇的“模范榜样”倒塌的同时，也消解了流行文化所炒作的“偶像明星”的影响力。网络所提供的海量的信息在分散年轻人对“偶像”明星注意力的同时，为他们寻找真正契合自己内心，能引起自己共鸣和认同的对象提供了广阔无垠的天地。

很多年前，互联网上突然诞生了一个名叫“玛丽”的美女。她有着茱莉亚·罗伯茨的鼻子，凯莉·米洛的腿和麦当娜的声音……她的外表集合了诸多女明星的优点，形象十分完美。美丽无比的玛丽在网络迅捷蹿红，成为当年度国内外最重要的网络事件之一。耐人寻味的是，人见人爱的玛丽不是一个真实存在的人物，而是网民根据“三围尺寸”、“黄金比例”等美女标准用计算机技术模拟出来的虚拟女性，结果其受欢迎程度超过了任何一个真实的女明星。无独有偶，在 Cosplay 圈曾经有过一个关于二次元偶像和三次元偶像的热烈讨论，所谓“二次元偶像”是指动漫角色，三次元是指“真人偶像”，比如明星和道德楷模之类。据说，许多 Coser 更愿意选择生活在二次元的世界里，因为二次元的世界更完美，更纯粹，更自由，更无拘无束。

二次元的世界更完美，更纯粹，更自由，更无拘无束。

我觉得，同样是追星，还是喜欢虚拟角色比较好，他们永远完美，永远不会有丑闻，甚至永远不会老去也不会死，简直就是最佳偶像。崇拜现实的影星、歌星，还要去费钱费力看个演唱会，讨个签名，合个影啥的，有些粉丝还会追着偶像到处跑，还出过杨丽娟这样的极品人物。而虚拟偶像就不同啦，这些问题都不存在，艳照门神马（网络用语，指什么)啊都是浮云。

其实,虚拟偶像不只存在于动漫作品,存在于网络空间,而且存在于每一个青春年少者的心里。对大多数年轻人来说,文学作品、影视作品、动漫作品和游戏中那些承载无数想象力的个性鲜明的角色,都曾经是自己魂萦梦绕的偶像。天涯论坛一个名为"大家有没有爱上一个虚拟人物不能自拔的经历啊?"[1]的帖子下的留言讨论栏里,成千上万个虚拟人物被大家充满感情地一一提起:

本人爱着一个叫曼菲士的男人13年,狂热地欣赏一个叫心宿的男人10年,被一个叫顾惜朝的男人虐心了整整3年,至今难以自拔……

虚拟人物"杀生丸"。日本漫画《犬夜叉》里的角色。外表冷酷,内心却暗藏着温柔,独来独往,极富个性,是一个迷人的形象。

喜欢夜礼服假面,和好多MM一样……曾经因为在动画片完之后,突然想到他是个虚拟人物,永远不会和我有交集而悲伤到不能自已……嗯,有这种感觉的虚拟人物就只有他了,虽然后来喜欢了很多年杀生丸大人,但是从来没有过这种感觉。

在他们看来,虽然这些角色都是虚

[1] 大家有没有爱上过一个虚拟人物不能自拔的经历啊.天涯论坛. http://www.tianya.cn/publicforum/content/funinfo/1/2580368.shtml.

拟人物，但与现实生活中虚伪、无知、贪婪的众生不同，他们不但真诚善良、纯洁质朴、用情专一，而且美丽帅气、魅力无穷，是理想人格和完美无缺的化身：

流川枫。喜欢10年了吧？一开始只是觉得长得帅，慢慢地长大了才发现他最吸引我的是他的性格啊，那种永不言败、无所畏惧的精神，为了篮球那种拼搏无畏的热情……我无法抗拒这样一个有着战神斗魂的男人啊！而且他这种专注的性格，一旦喜欢上一个女子，绝对就是一辈子，虽然长得帅，但是不用担心他花心劈腿。你叫我如何不爱流川枫啊?！我都大三了，还没交过男朋友，我说以后就算结婚，也要找个像流川枫的男人。孽缘啊，既然注定没有结果，我还是这么飞蛾扑火地爱上他，我的电脑桌面，我买的衣服，我墙上的海报……全是他全是他啊！

今天在百度上看到有人喜欢柳梦璃，又勾起了我对《仙四》的回忆。曾经的感觉又呈现在脑海里，还是那种非常伤心、非常失落的感觉，又要让我几天睡不着觉了。不是开玩笑，这一切都是真的。柳梦璃虽然是虚拟的，但深深地刻在我以及很多人的心中，如果她存在就会衬托出现实中女性的虚伪、无知、贪婪……总之，柳梦璃是完美无缺的，没有任何人能够比得上的，哎，想着想着眼泪就流出来了……

柳梦璃是完美无缺的，没有任何人能够比得上的。

幻想文本是一个另类的世界，生活在这个不同于现实生活的异度空间中的人物，虽然有不同的经历，不同的性格，不同的命运，但是他们总是被赋予了各种常人所不具备的传世绝招和神秘力量，面对种种不公与压迫，或能超然之上，不为所动，或能将困境和窘迫化为乌有。这些虚拟人物之所以能深深打动读者，一方面，他们的人生轨迹和命运与现实生活中的年轻人并无二致，真实地反映了年轻人成长过程中的酸甜苦辣；另一方面，他们拥有的外表、性格、身份和力量却又是超越现实、天马行空想象的结果。在沉重的现实生活中交织想象的天空，用理想去战胜现实，往往能让青少年从中获得力量，缓解自我认同的焦虑。

在《NANA》里，无疑我是最喜欢娜娜的。初见她冷漠美丽寂寞的样子，心里真的就陷下去了。也许是对于强悍的娜娜的一种向往，向往自己也可以成为那样的人。但随着故事的慢慢展开才发现其实不是的！原来娜娜也那么脆弱过，那么不起眼过、那么迷茫过。但心里一细想，生活又何尝不是如此呢？哪个人最初不是怯懦的？哪个人是不需要别人呵护的？只是时间流逝自己也开始长大。明白躲避不能解决什么，反而要让自己变得强大起来，有足够的力量保护你心爱的东西，为他们遮风挡雨。[1]

都是自己比较喜欢的，风格到性格上都是，欣赏的人很多很多啊……最欣赏的话，应该还是有并列……那就是《阴阳师》（日本小说）的晴明和《大霹雳》（台湾布袋戏）的龙宿。原因嘛，因为他们都是有强大实力的“悠然”者，过着自己想过的生活，坚持的是自己的真理，并不去过分强调所谓的“正义”。[2]

“我要像他那么聪明就好了”、“她很勇敢也很有魄力，无论

---

〔1〕 我心里的大崎ナナ.百度贴吧.http://tieba.baidu.com/f? kz=768948052.
〔2〕 Coser黄山访谈录.百度百科.http://tieba.baidu.com/f? kz=319184366.

什么事都能解决吧”，对角色个性、能力、自主命运的向往，正是青少年在现实生活中感到缺失的反应，他们渴望那样的能力和自主权。每个人心中都有对自我形象建构的渴望，想象自己有绝世武功，不被人欺负并保护其他人不受到欺负，想象自己满腹智慧什么都难不倒，想象自己有惊人的美貌为大家所宠爱，或是想象自己一掷千金富可敌国。

杰姬·斯泰西在《明星凝视》中分析了女性观众与好莱坞女星建立关系的多重过程，区分了观众认同过程中的幻想和实践两个方面。[1] 如果说，上述种种热爱虚拟人物、迷恋动漫角色的状态，都还处在情感愉悦、情景幻想、角色认同和自我反省阶段，那么，认同的结果必然会导致特定的言行举止和文化实践，“喜欢一个动漫人物 10 年了，做 Loli 那会儿疯狂收集过他的各类周边，海报、贴纸、模型、手办……到现在都深深地喜欢着他。”“喜欢樱木花道啊，从小学开始看起，都多少年过去啦！我用的伞是定制 Q 版樱木花道，T 恤衫也是定制的，都做了 4 件了……手机壁纸是樱木花道，3 年来从未换过。”“不觉想谈谈《灌篮高手》——我第一部接触到的热血卡通，我初中时代的运动启蒙者，我曾经为之疯狂迷恋的激情。当时我真是超级喜欢流川枫，内心深处就觉得那样一个对篮球执著的男人真是帅啊。那时在居室里到处悬挂流川枫的画，连密码保护都设成‘我的最爱流川枫’，周围的朋友只要有说流川枫一句不好我立马怒眼圆睁。”让自己认同的虚拟人物通过具体实在的行为方式再现出来，这是普通粉丝最常见的举动，而极致的做法就是让自己成为“他”（“她”），那就是 Cosplay——让那些停留在心中，念念不忘的角色，通过扮演走出动漫世界，走入日常生活，让他们“复活”，也就

〔1〕 杰姬·斯泰西.女性魅惑——一个认同的问题?.贺玉高，译//陶东风.粉丝文化读本.北京：北京大学出版社，2009：171.

是让那个认同的自我挣脱肉身的“自我”，走向完美的“自我”。

那个认同的自我挣脱肉身的“自我”，走向完美的“自我”。

2010 年是《海贼王》漫画连载的第 13 年。当初看漫画的时候，动画还没制作，如今一晃，那么多年过去了，我也从当初的初中生变成工作的人了。对《海贼》的爱也变成了一种习惯。当初看到女帝（角色）在漫画里出现时，开始很讨厌她，但是看到她的故事慢慢铺开，开始心疼这个女人。海贼王里终于有了海贼式的爱情。我已经不像当初幻想女帝能上船了，但是我相信，当路飞当上海贼王时，会来接她的。除了 COS 实在不知道该怎么表达对她的喜爱了。[1]（Coser 岚陵萧萧声）

Cosplay 是一种在现实中帮青少年“圆梦”的最有意思的方法。在 COS 的过程中，对人物的偏爱，对梦想的执著，成为扮演者非成功不可的动力，“COS 中的我们，使命就是要变得完美”。如此看来，Cosplay 就不仅仅是娱乐和游戏，更是用实际行动来传达自我、强化自我的一种文化实践活动。扮演者在 COS 中寻找自我，发现自我，同时表明自我，当他们自由地从一个角色符号转换到另一个角色符号，从一个扮演场域转换到另一个扮演场域，那些代表或强势或温柔，或美丽或忧伤，或执著或徘徊的角色形象都真实地留下了他们苦苦追寻自我的轨迹。“反抗与矛盾的嵌入与展现都位于现象的最表层，即符号层面”[2]，他们通过聚集这些虚拟人物的形象符号，逐渐展现出一个清晰的自我，“镜中之我”以一种戏剧化的夸张形式得以具体化。

〔1〕 正式图＋杂志预告 海贼王★七武海★女帝．漫友 BBS. http://bbs.comicfans.net/new/dispbbs.asp?boardid＝12&Id＝6627&page＝2.

〔2〕 迪克·赫伯迪格．亚文化风格的意义．陆道夫，胡疆锋，译．北京：北京大学出版社，2009:19.

“镜像理论”是由拉康提出的关于精神分析领域中的著名理论。他认为,意识的确立发生在人类的婴儿阶段的某一个神秘瞬间内,即“镜像阶段”。儿童的自我和他完整的自我意识由此开始出现。通过观察镜子中的自己,婴儿看到了自己完整的形象,并且不断为这一发现而欣喜。但另一方面,镜子中的映像却只是婴儿对自己的想象,其并不存在,两者之间实质上是对立的关系。由这两个方面,便构成了拉康镜像理论中自我同化与异化的辩证关系。镜子中的婴儿,不过是它接触社会和进入语言之前的一个“理想之我”,是一个虚构的自我形象。自我的建构实际上离不开自身也离不开“他者”,这个“他者”即是镜中的自己。自我通过认同这个镜中形象建构主体。

动漫作品中的虚拟角色犹如一面明亮的“镜子”,叠加出青少年关于理想自我的形象,认同这些形象,是建构青少年主体自我的前提,而 Cosplay 的扮装实践无疑就是一种最具体最真实的认同方式,Coser 黄山在采访中回答“COS 给了你什么?”时说:“COS 让我从另一个方面去认识自己,给我一个舞台表现另一个自己,让自己有强烈的存在感。”Cosplay 的扮装过程首先是寻找符合自己爱好和趣味的文本,其次是选择契合自身特质和个性的角色,再次是不厌其烦地准备服装、道具、化妆、场景,最后是将梦想完美地演绎出来。在这样的角色扮演过程中,一个“最理想化”的“我”被深深认同。

建构完美“自我”

偶尔地 COS 一个角色,可能是出于好奇与好玩,不断地尝试去扮演各种各样的动漫角色,那意义就丰富复杂得多。而当 Cosplay 在青少年的努力下成为一道亮丽风景时,一种具有特别意味的亚文化就诞生了。

检视百度上525份COS作品，以下这些人物是被Coser反复扮演的：热血少年“路飞”、精灵般的“安碧城”、邪魅的“塞巴斯蒂安”、华美的“万安公主”、性格各异的两个龙葵公主，等等。这些被Coser视为理想自我、完美自我的角色，有着惊人的相似之处，他们大都具备超人的能力、超众的魅力、超凡的命运，异于常人却又能引起Coser的共鸣。

蒙其·D·路飞是日本少年中的主角。他是“草帽”海贼团的船长，身穿红背心蓝短裤、头戴黄草帽，被称为“草帽小子”，一副随心所欲、畅快无畏、环游天下的样子。他脸上的疤痕让他看上去桀骜不驯，可丰富的表情又让他显得活力十足。他生于日本的“男孩节”，这赋予了他勇敢坚定、乐观善良、精力旺盛和冒险精神的品性。他挂在嘴边的豪言壮语是“我是要成为海贼王的男人！海贼王我当定了！”路飞在吃了橡胶果实后变成了一个“橡胶人”，获得超强的能力，他的身体有绝佳的弹性和无比的延展性，能抵挡住强烈的物理攻击，并且他还是个绝缘体。这听起来是不是十分神奇？

动漫《海贼王》路飞。图片依次为路飞、路飞和他的伙伴们、子梦COS的路飞一角。热血、充满勇气和活力的路飞，和他的伙伴们一起，航行在无限未知的海洋上。

路飞的爷爷是爽朗的海军中将，爸爸是革命军的出色首领，哥哥是一个强悍的海贼。热爱探险、勇敢出色，是路飞一家血液中的传统。这样一个"天生的勇者"却总是做出一些傻里傻气的事情：路痴、记忆力很差、爱吃东西（并且会偷别人东西吃）、有他在的地方就会乱成一团糟，这些小缺点和无厘头让他的伙伴们对这样的"单细胞生物"很伤脑筋。但在关键时刻，路飞永远是个非常可靠的人，他爱护伙伴，锄强扶弱，有极好的人缘，拥有一群忠诚与信任的好伙伴。

这样的少年俨然是一位活泼爽朗、有正义感、有能力的"孩子王"和"领导者"形象，几乎可以算是大多数青少年们心目中"完美自我"的样本。路飞的梦想是找到传说中的大宝藏"ONE PIECE"，成为海贼王。而无拘无束、超能力、"宝藏"目标、一大群志同道合的伙伴，成为这样的"人"简直就是一些青少年最大和最终的梦想。

与路飞相似的角色俯拾皆是，上文提到的想做"火影忍者"的鸣人，想称霸全国篮球界的樱木花道等都是经典形象，可以说，富有正义感，热血澎湃，具有超高的天赋和能力，能从默默无闻到名满天下，这样的角色是青少年心中完美"自我"的形象之一。

"万安公主"是国产漫画《长安幻夜》中的一位十分出彩的角色。历史上，万安公主确有其人，她是唐玄宗的女儿，雍容华贵，后来因为唐睿宗追福，出家为女道士。《长安幻夜》中，对万安公主有着这样一段描写："……而在（长安城）平康坊中的万安观，绮丽的庭院，名师执笔的山水壁画、传说中仙人手栽的玉蕊花……倒仿佛只是黄昏天穹上装饰的淡淡春星。真正的瑶池明月，是在观中修行的女主人——当今圣上钟爱的女儿——万安公主……离开深宫的生活，似乎并没有影响到（万安公主）皇家与生俱来的奢华爱好。带着岁月幽暗气息的古画与书法，神秘舶来香料点燃时微妙的轻烟……都是这位公主喜爱的事。而在那人人嗜香用香的华丽氛围中，能不能得到万安公主的邀请，见识到制香名手的梦幻聚会，实在是一件不大不小，恰恰关乎地位和品位的事情。”(摘自《长安幻夜·香恋歌》)[1]

这样的一位华美高贵的女子得到了诸多女性 Coser 的欣赏和向往。每次关于“她”的 Cosplay，无论是服装、化妆、背景取材都异常柔美精致。COS 万安公主的 Coser 水之吟谈道，历史上的万安公主给她以“圣女”的感觉，干净无比又带有少女的情怀；而在原作中，虽然其出场很少，但却能感觉出她可爱、温柔、任性、孤傲的个性。[2]

同为公主，游戏《仙剑奇侠传 3》中的“龙葵”有着迥然相异的悲痛命运。龙葵前世为姜国的公主，她的哥哥是姜国的太子。姜国遭到敌国的攻打，只有一把魔剑才能击退敌军，而这把魔剑必须用龙葵的血才能炼成。姜国兵败城破后，龙葵自愿跳入铸剑炉祭剑，魂魄长留魔剑之中上千年。性情温柔的龙葵在魔剑被封印入怨气极重的锁妖塔后，分裂出另一个凶悍的人格——深红色的龙葵。温柔的龙葵头发、眼眸、衣饰都呈蓝色，柔弱坚定；凶暴的龙葵头发、眼睛、衣物都呈红色，泼辣高傲。一蓝一红，一水一火，似乎是世间女子两面的写照。千年后，这样的龙葵重新来到人世间，一心寻找哥哥，与之并肩战斗。关于龙葵公主有不少 COS 作品，Coser 热爱的是这一人两面的灵魂关照感，

---

〔1〕 长安幻夜·香恋歌.http://baike.baidu.com/view/1097457.htm#3.

〔2〕 万倾大唐·安享盛世—万安公主.百度贴吧.http://tieba.baidu.com/f?kz=652011550.

谓之“灵魂的羁绊，宿命终流”[1]，为居住在身体里的世界上另一个自我着迷。

相对于充满正义感的动漫主角，这些角色常常是作为性格各异的配角存在的。但许多青少年却是“配角控”，比起恒星般的主角他们更喜欢这些流光溢彩的配角们。长安公主或者龙葵公主这样的女性形象，出身高贵，经历丰富，一身多面，敢恨敢爱，性格充满了张力，每个喜欢她们的Coser都能从中看到自己的点滴，也能看到各种幻想自我的身影，魅力由此而起，她们成了青少年心中认同的理想“自我”形象。

能满足青少年的叛逆欲望，也能获得在现实生活中大多匮乏的权力。

有意思的是，在角色扮演中，Coser除了倾心于正面角色外，更醉心于原著中的那些具有特别个性的人物，比如反派人物、游走在黑白边缘的“复杂人”、有着神秘经历的人物，等等，这些“我”身上蕴含着强大的力量，通常以剑走偏锋的方式解决问题，有着令人敬畏的人格魅力。“扮演”这样的人物既能满足青少年的叛逆欲望，也能获得在现实生活中大多匮乏的权力。比如《黑执事》中的赛巴斯蒂安·米卡艾利斯，他作为人类管家的时候身着黑色合体礼服，英俊潇洒，风度翩翩，掌握着几乎所有科目的知识和能力——这本身已让人艳羡不已，而他另一个身份——恶魔，则又是无所不能，无所不及。如此完美的“他”，凌驾于现实之上，又怎能不叫人心向往之？

布袋戏《大霹雳》系列剧以人物造型及其繁复华美精致著称，其中平风造雨四无君，负责协调妖、魔、邪三界纷争，是超然于“冥界”之上的组织“冥界天岳”的第一军师，他一头蓝色长发、一袭蓝羽白衫，飘逸似仙，“深沉却富枭雄之姿”，有着过人的智

〔1〕 灵魂的羁绊 宿命终流 仙三红蓝葵公主．百度贴吧．http：//tieba.baidu.com/p/1140140796.

慧和军事才能。除了一身华丽的武学之外，四无君狂傲自负，善于攻心战，是个狂热的种族分子。他引以为傲的是“无我不能之事，无我不解之谜，无我不为之利，无我不胜之争”，认为“唯有天岳，才是真正的优越种族”。最后死于剑客（剑君十二恨）之手。对四无君这样有本领但却狂妄无比的角色，部分 Coser 深以为然，并且内心充满了向往之情。

尽管动漫作品中有成千上万的人物角色可供 Coser 自由挑选，但原创作品未必都能完全契合他们所认同的完美自我，因此，有一些 Coser 尝试突破原作樊篱，在不脱离原作的前提下，拓展故事情节，改写人物性格和命运轨迹，于是诞生了“番外”作品。《山海经》是我国一部古老的富有神话意味的地理书，主要描写了上古时代各地的山、水、兽、灵、怪、草木等事物和巫术、宗教、医药、民俗等奇闻志怪，其中“夸父追日”、“女娲补天”、“精卫填海”等神话故事脍炙人口、家喻户晓。COS 神话志怪类文学作品中的各种神怪在 Cosplay 成员之间甚为流行。鲛人、龙女、人鱼、狐精、蛇妖，它们是什么样的？美抑或丑？带着这些想象，根据只字片语的记载，Coser 通过角色扮演，用最美好的方式将它们重新再现，于是我们看见了珠光宝气宛若仙子的龙女在河边戏水，精灵古怪笑意盈盈的狐妖掩藏在山林之间，娇美优雅的人鱼独自坐在礁石上……

也有一些 Coser 干脆自己先原创动漫作品，再 COS 自己作品中的人物，以更主动的方式创造各种各样异想天开的“自己”，从而将自己幻想和认同的最完美的自我演绎出来。Coser 黄山自编自导自演的《路德维希 · 革命 前夜 · 厌食症》就是一篇优

虎蛟。Coser孤鸾舞发挥自己的想象力演绎出“虎蛟”的人化形象。

秀的原创COS。[1]

黄山讲述的是一个傲慢的王子因厌倦了浮华无聊的宫廷生活患上了“厌食症”。因为王子的抑郁和沉默，宫廷被沉郁凝重的气氛所笼罩。这时，一个黑衣人出场，他声称能治好王子的病症。黑衣人展示了他华丽惊人的魔术，但王子在短暂的兴奋之后又陷入无聊与冷漠之中。见此情形，黑衣人莞尔一笑，一针见血地指出了王子的病症——锦衣肉食、山珍海味、财富珍宝、美女仆从之所以令人生厌，只因为他依仗“王子”的地位震慑众人而没有得到他们的心悦诚服。王子的“厌食症”不过是“厌恶了不是用‘心’烹饪的大餐”，“你喜欢的也只是美丽的躯壳”，“王子的骄傲锁住你，让孤独的你只有玩起这个收藏游戏”，是王子自己的虚荣让他不愿意承认他的抑郁与空虚。王子对此先是傲慢不屑，然后急于辩解，最后归于沉默。黑衣人告诫王子，只有走出皇宫，开启旅程，才能重新找到自己的“心”。黑衣人离开后，王子若有所思。过了一段时间，王子带着自己忠诚的随从找借口离开了皇宫，开始了寻找自我的浪漫旅程，并且留下了无数让人津津乐道的故事。这个王子后来被人称为“路德维希”。虽然这是一则短小的故事，却映射出现实生活中许多年轻人的心灵困境。这个故事告诉大家：只有用“心”找到“自己”，逐渐克服自己浮躁的心态，找到内心的安宁，才能达到内外皆善美的状态。这就是创作者对“完美自我”的认知和表达。

---

〔1〕 路德维希·革命 前夜·厌食症. 山之御座. http://www.hscos.com/bbs/read.php?tid=20008&fpage=2.

原创COS作品有自己的人物设定、文本内容，无论是在字里行间，还是人物的视觉外观上，无时无刻不流露出作者的才华。比起从别人的文本中再生产出自己的意义，原创文本是一种关于自我更加全面和个性化的表达。

无论是自愿“扮演他人”，还是沉迷于某个“角色”的“扮演”；无论是COS动漫角色，还是自创“番外”或原创角色，都可以将此理解为Coser暂时性地忘掉自己，让自己变成他人。许多沉迷于这个游戏的Coser都有这样的想法：

> 我身披的彩衣，变幻着色彩。请注视我们的眼睛，勿错过我们的举动，角色因我的演绎而传神。要爱就爱到底，Cosplay是我多变的人生。[1]（落落）

或者是出于对自己的不满，想改变自己，让他人代替自己，比如十夜：

> 端华这个角色是第一个看上去就能立刻吸引住我的人物，我觉得他身上某种特质是我所向往的，就是一种坦诚……从端华开始走一些华丽的路线，可能因为心情的转变，端华这个人物变成了我COS的分水岭。[2]

或者是突出强调自己的某些方面，将自己投射在他人身上，比如黄山：

---

〔1〕 Cosplay专集——由男生装扮的女生！（漂亮得让女生嫉妒）.潍坊学院论坛.http://bbs.wfu.edu.cn/cgi-bin/lt/topic.cgi? forum=9&topic=2870&start=0.

〔2〕 著名Coser十夜做客腾讯动漫实录.腾讯动漫.http://comic.qq.com/a/20100819/000015.htm.

COS让我从另一个方面去认识自己，给我一个舞台表现另一个自己，让自己有强烈的存在感。[1]

或者是在他人的身上积极地寻找自己：

喜欢是肯定喜欢的，谁也不会出一个自己完全不喜欢的角色，但是不仅仅是因为喜欢，也许更多的是因为这个角色可以更好地展现出自己的魅力。[2]（圈圈）

总而言之，“角色扮演”表征了青少年对自我无奈的一种解构和否认，又是对自我积极的一种建构和认同。

---

〔1〕 Coser黄山采访节录．百度百科．http：//baike. baidu. com/view/1690853wen. shtml.

〔2〕 2011年7月笔者与Coser圈圈的访谈记录．

性别气质的模糊与转换是 Cosplay 文化中最有意思的现象，或是出于对与生俱来的性别的厌倦，或是由于对异性充满了好奇，在戏装掩隐下通过转换角色皆可得到体验和满足。Cosplay 中自由的“易装”和“易性”带有强烈的个性色彩和性别抵抗意义。

易装：性别模糊与颠覆

在 Cosplay 活动中，有一种特别普遍也特别有意思的现象，即“易装”。所谓“易装(Cross-dressing)”，就是穿上与自己性别不符的服装，进行角色反串，或男扮女装，或女扮男装。显然这种不合常规的行为方式让“易装”成为一个充满争议，内涵和外延都非常丰富的词汇。心理学和医学提到“易装”时，常常将此等同于“异装癖”，认为这是一种病态的症状。戏剧表演和休闲活动使用“易装”，多指舞台演出、化装舞会、角色扮演等特定场合中的扮装行为。文化研究中，“易装”常被用来分析同性恋电影、另类摄影中的人物心理和文化处境，赋予抵抗的文化意义。Cosplay 扮装实践中，最常见的“易装”行为主要表现为男性 Coser 扮演美少女角色，女性 Coser 扮演酷哥角色以及性征不明显的中性角色，其中，尤以女扮男装最为突出。Cosplay“易装”满足了扮演者对异性角色的好奇心，承载了扮演者对异性的种种性幻想和情感体验。当我们将这一行为置入特定的社会文化背景中加以考察，不可忽略的是，“易装”必然还是一种性别身份认同的实践，是对异性恋社会男女二元对立性别划分的一种尝试性突破。

服装是高明的政治

作为一种扮装游戏，服装、饰品、道具和化妆是 Cosplay 最重要的组成部分，其中，毫无疑问更为重要的是服装。正是借助所选择的服装，扮演者表达出了他们的审美喜好和价值认同，也正是那些奇装异服离间了扮演和日常生活的区别。借鉴台湾意识形态广告公司为某家百货公司所撰写的广告语称：“衣服是性别，衣服是空间。衣服是阶层，衣服是权力。衣服是表演，衣服是手段。衣服是展现，衣服是揭露……”因此，“服装是高明的政治，政治是高明的服装”，政治和服装，两个表面根本不相干的东西，因为某些内在的相似性而关联起来，政治和服装一样讲究的是华丽的外表，服装和政治都离不开表演和展现……如果说，男性 Coser 扮演男性角色，女性 Coser 扮演女性角色，服装和身体一致，展现出来的更多是 Coser 自己可以扮演心仪角色所获得的愉悦、快乐和自我认同，那么，“易装”——男性 Coser 选择女性角色，女性 Coser 选择男性角色则更具有性别政治的意义。

“易装”——男性 Coser 选择女性角色，女性 Coser 选择男性角色则更具有性别政治的意义。

“易装”并不是 Cosplay 的专属品。中外戏剧表演史上，关于“易装”的记载很早也很丰富。《魏书·齐王纪》记载，齐王曾经让俳优郭怀、袁信等人男扮女装表演“辽东妖妇”，结果“嬉亵过度，道路行人掩目”。男性穿女装出演，被冠以“妖妇”贬称，其供人玩耍、戏弄、调笑的“丑角”性质便昭然若揭。北齐时民间广为流传的《踏谣娘》中描写道：“丈夫著妇人衣，徐行入场”，可见反串角色已不再是少见之举。隋炀帝时，每年在东都洛阳广场上，“其歌舞者多为妇人服，鸣环佩，饰以花目毛者，殆三万人”，乐舞百戏盛会中的“男扮女装”从庙堂走向广场，借助大众狂欢的场景，由此常态化。至唐代时，男扮女装获得了一个专用俗语——“弄假妇人”，这种戏剧性的装扮和表演，无论在民间还是宫廷都相当流行，“人戴兽面，男为女服”，身为男性却“高髻笄钗，女人衣”，“面施粉黛”，甚至还出现了时人皆知的著名“弄假妇人”，如《乐府杂录》记载的范传康、上官唐卿和吕敬迁等人。“弄假妇人”被公认为是戏剧表演中“旦角”的前身，国宝级的京剧表演艺术直至今天，某些女性角色依然由男性演员扮演，称为“男旦”。梅兰芳、程砚秋、尚小云、荀慧生这四位男扮女装的京剧艺术家就是历史上赫赫有名的“四大名旦”，他们扮演的女性角色惟妙惟肖、优雅高贵，具有极高的艺术价值。

和“男扮女装”一样，“女扮男装”也有悠久的历史。唐代时，由于有男优和女伎不同台演出的规定，在女性表演舞台上需要男性角色时，女伎就不得不扮演男性角色。宋元之后，“男可装旦,女可为末(男角)”更是成为时风流俗。民间戏曲如盛行于江浙沪一带的越剧,全本所有角色均由女性扮演,至今仍传承此传统。

古代戏曲舞台上的“易装”有其特殊的政治、经济和社会背景。远古时期,祭祀礼仪中孕育了戏曲雏形,并且男女有明确的分工,男性为“觋”,女性为“巫”,而“歌舞之事,合男女为之,其风甚古”(王国维《古剧脚色考》),即男女角色全齐,男女同唱共舞。私有制产生后,女性社会地位一落千丈,“三纲五常”、“三从四德”的封建礼教严酷地禁锢了女性的活动范围,她们“大门不出,二门不迈”,女性在公共空间抛头露面被认为是严重地不合伦常礼法,因此女性只得退出公共空间,退回私人领域。表演舞台上的女性也渐行渐远,几近绝迹。在此情形下,原本由女性扮演的角色只能用男性来替代。

同样的情况在国外也存在,日本的宝冢歌剧团就是一个典型的例子。在宝冢歌剧团组建之前,日本演艺舞台大多是歌舞伎和文乐(木偶戏),男性大当其道。1913 年,宝冢创始人小林一三将歌剧艺术带入该团的表演,并且以演员全部为女性的特点而著称。“易装”的宝冢女演员让这个具有先锋特征的剧团在 20 世纪上半叶的日本广受欢迎,大量跨年龄、跨性别的观众成为剧团最忠实而疯狂的粉丝。直至今天,宝冢歌剧团依然保持着“易装”传统,男性角色由女性演员扮演,被称为“男役”。天海佑希、大地真央等女性演员扮演的“男役”俊朗、温柔、优雅,改变了一直以来刻板的日本男性形象,再加上华丽细腻的视觉布置,使得观众一致沉浸在“清纯、端庄、优美”的感觉中,“男役”尤其受到女性观众的热烈欢迎。日本女性是这样解释她们为什么如此迷恋宝冢歌舞团的“易装”男角的:“日本男人那么无趣,女人当然就会喜欢宝冢。那些丈夫们工作都很辛苦,根本没有时间和他们的妻子在一起,宝冢又是一个不会威胁到丈夫的地方。

在宝冢，女人们能表达她们无法对冷漠的丈夫展示的感情。宝冢从不会让她们失望。”女性粉丝这样的解释在詹妮弗·罗伯森看来表达了一些互相矛盾的理由：“对日本资本主义企业以公司为荣模式的批判；对婚姻制度和关系的批评性估量；对性和性吸引只能发生在异性之间的传统观念的接受；对性、性别、情欲的不稳定关系，以及与之相伴的个人性喜好的灵活性的初步认识。”[1]可见，“易装”不仅仅是为了吸引眼球、赢得粉丝，而且深蕴着性别文化意味，甚至是一种性别政治的风格策略。

戏剧舞台之外，电影艺术中的“易装”现象也屡见不鲜。第一部造成轰动效果并影响深远的“易装”电影是拍摄于 20 世纪 30 年代的美国片《摩洛哥》(Morocco, 1930)。影片中，德国女星玛琳·黛德丽(Marlene Dietrich)扮演的女主人公，第一次出现在夜总会时居然身穿男人的燕尾服，让片中的观众一片哗然。表演开始后，玛琳·黛德丽身上散发出的忽阳刚忽阴柔的魅力魔术般地迷倒了观众，一名女性观众甚至明显被男装的玛琳所吸引，于是玛琳·黛德丽边唱边挑逗她，最后走到她面前，吻了她的唇。在另一部电影《金发维纳斯》(Blonde Venus, 1932)中，玛琳·黛德丽除了把自己打扮成“丛林女王”外，也“易装”成男角，戴着白色高帽，身穿潇洒燕尾服，从容地获取了无数崇拜者的仰慕和掌声。另一部影片《克莉丝汀女王》(Queen Christian, 1933)中，葛丽泰·嘉宝(Greta Garbo)或扮男相，或扮女相，既是美艳无比的瑞典女王，又是年轻帅气的骑士。玛琳·黛德丽和葛丽泰·嘉宝惟妙惟肖扮演的这些双性角色，颠覆了以往角色扮演的模式，将男性和女性的魅力集于一身，在那个时代，分

〔1〕 詹妮弗·罗伯森. 粉丝病理学//陶东风. 粉丝文化读本. 北京：北京大学出版社，2009：314.

明是在向清教徒式的社会挑战，也嘲笑了社会规范对性别与性的幼稚心态。

与中国传统戏曲中“男扮女装”或“女扮男装”不分伯仲不同，国外电影艺术中杰出的“易装”角色显然是“女扮男装”多于“男扮女装”，这不仅仅是“易装”难度的问题——因为通常认为，由于生理的原因，女扮男装比男扮女装更容易——更暴露出性别歧视等社会问题。以男性中心主义的视角来看，男人天生高贵，女人始终低人一等，因此，在中国古代戏剧表演中女人不能与男人同台表演，女人扮演男人，那是一种抬举；男人扮演女人那是一种作贱。退一步，即使男人必须扮演女人，那往往也是被设定成一个具有喜剧性质的小丑角色。这种情形在国外一直要到 20 世纪 80 至 90 年代，随着《窈窕淑男》(Tootsie, 1982)、《窈窕奶爸》(Mrs. Doubtfire, 1993)等影片的热映后才有所好转。

女人扮演男人，那是一种抬举；男人扮演女人那是一种作贱。

毋庸讳言，“易装”电影最具挑战性的题材是男/女、同/异性恋。影片《晚礼服》(Tenue de Soiree, 1985)讲述了这样一个故事：杰哈德·巴狄厄(Gerard Depardieu)饰演的一个既偷人财物又骗人感情的小偷，先死缠烂打、连哄带骗地把缪缪(Miou-Miou)的老公米歇尔·布朗(Michel Blanc)调教成同性恋，还把缪缪卖掉当妓女，省得碍事。之后又让米歇尔·布朗为他穿上女装，以女人的身份忧伤又卑屈地活着，直到米歇尔·布朗举起手枪反击。最后，杰哈德·巴狄厄、米歇尔·布朗和缪缪一起变身为街头拦客女郎，他们在咖啡店里“幻想”着共同的儿子，一起以女性的身份活着。对于此片，著名影评人闻天祥一语中的地指出：“全片惊世骇俗地先打翻男男女女的界线，一方面不畏触怒女性主义者地把女性视为一种被倾轧的符号，另一方面却又

“易装”带来的性别冲突和性别混乱对主流社会的异性恋价值观具有直接的颠覆作用。

把‘男性异性恋沙文主义’的猪猡嘴脸，逼得原形毕露。”[1]虽然“易装”并不能直接等同于男男恋或女女恋，但“易装”带来的性别冲突和性别混乱对主流社会的异性恋价值观具有直接的颠覆作用。

戏剧、影视表演中的易装现象不仅有历史、社会、政治的原因，还有审美方面的用途。中国传统戏曲中女扮男装的祝英台，替父从军的花木兰，都将女儿身包裹在男装中，才得以突破家庭和社会给男女两性划定的种种界限，走出家门，走进社会，走近男性，并且表现出与男性分庭抗礼的勇气和才能。“易装”的祝英台和花木兰，散发出雌雄难辨的美感和双性气质的魅力。影片《霸王别姬》《春光乍泄》中的女角扮演者张国荣的演技也令人拍案叫绝，虽然性别倒错，但其艺术形象却散发出经久不衰的魅力，正如他的影迷们所称的那样，是“灵魂附体的倾情演出”，是“人戏合一的最高境界”。

“易装”的祝英台和花木兰，散发出雌雄难辨的美感和双性气质的魅力。

女扮男装的Coser。Coser Arashi扮演男性角色L，几乎与原作毫无差异。

Cosplay作为一种扮演游戏，“易装”是其题中之意。在眼下的各类Cosplay活动中，除了扮演同性角色外，越来越多的女性Coser以扮演男性角色作为自己COS的固定偏好，甚至出现了少数著名的“易装”者。女Coser十夜就是以倾情于扮演“美少年”、“美青年”角色而闻名；当拉开女Coser Arashi的COS履历表，映入眼帘的是一大串光灿夺目的男性角色名单，她以高度还原原创角色而著称。

男性Coser虽然还鲜见固定扮演女性

〔1〕 闻天祥.《电影笔记：易装/异装—性别/性向》. http://www.aibai.com/infoview.php? id=5503.

者，但当男 Coser“珊璞亮”、“天狼”、“E 感应少年”间或以女装人物出场时，他们精致的妆容与婉约的姿态常常赢得“比女人还美啊”、“身为女生，真不想活了”之类的惊呼赞叹之声。另有一些男女 Coser，对角色的性别身份没有特别的挑剔，但凡自己喜欢的，不管是同性角色还是异性角色，都会积极地尝试着去扮演。

COS 爱好者们对“易装”现象十分坦然，甚至表现出热烈的反响，在他们看来，只要扮装结果是“美的”、“像的”，扮演者与角色性别是否一致，是否倒错，不是问题。这一方面与 Cosplay 活动比较多地隐藏扮演者本人身份，包括姓名、年龄、性别等有关，匿名的结果是可以还人更多的自由；另一方面，通常 Coser 挑选扮演的角色性别与他本人的性取向没有必然的联系，对 Cosplay 略有所知的社会公众，由于对扮演者的性别不甚了解，也无从将角色性别和扮演者性别联系起来，这在很大程度上降低了“易装”扮演者的心理压力和危险性。当然，当今社会对性别取向的开放心态以及社会大环境对 Cosplay 这类青年亚文化的宽容态度也是重要原因，一些女 Coser 在扮装游戏之外，也以中性甚至男性形象出入于日常生活中，这在以前是不可想象的。

好奇心与幻想：跨性别扮演

Cosplay 是青少年表达自己对 ACG 作品钟情之极的一种扮装游戏，在角色选择、扮演场景、时空阈限、情感体验等方面都有独特之处，因此，Cosplay 的“易装”扮演，与戏曲、电影既有异曲同工之处，也有其自身的特质和意义。

大多数 Cosplay 扮演者，如同戏曲票友，只是出于喜欢和迷恋才尝试参与，他们一般不以此为生，许多人还得以自己其他方面的工作收入来补贴 Cosplay 活动不菲的支出。他们选择 Cosplay，是以此表达对所扮演角色的狂热喜爱，而易装扮演，除了收获Cosplay过程的愉悦和成就感外，更受到对异性好奇心极大的驱使。当笔者以“为什么选择扮演异性角色？”为题访谈“易装”Coser时，也有Coser比较轻描淡写地表示，是实际情况使然，比如，由于从事Cosplay活动的群体中女性多于男性，集体合作COS作品时，社团内部的男性成员太少，而男角色又多时，就不得不由女性“易装”扮演。这虽然也是易装的原因之一，但绝大多数Coser这样反问：“我可以通过扮演成为另一个同性别的人，那我为什么不能扮演一个不同性别的人呢？如果我把自己打扮成另一种性别时会是怎样？”突破性别禁忌的好奇心昭然若揭。

在日常生活中，有些好奇心是可以去实验的，有些却是不能去尝试的。

在日常生活中，有些好奇心是可以去实验的，有些却是不能去尝试的。在一个男女性别二元对立的社会语境中，男人应该怎么样，女人应该怎么样都已经被社会性别制度和伦理道德所严格规范和限定，一旦僭越，将沦为不合常规的“异类”，遭人非议、讥笑和排斥。“春哥”、“伪娘”还只是在电视选秀节目中出现，就已经引起了民众广泛的指责和辱骂，那么年轻的男性或女性还敢“易装”公开在社会生活中行走吗？勇于第一个吃螃蟹的人不是没有，但其结果一定是体无完肤，伤痕累累。因此，从这个意思上来说，Cosplay为那些特别渴望扮演异性角色的、好奇心充盈的人们提供了一个尝试的场域。与真实的日常生活空间不同，扮装游戏有特定的表演场所，有圈定的游戏时空，有“假作真时真亦假”的气场，这既让扮演者有极强的虚拟真实感，也为一切不合常规、不合常态的“易装”行为拉起了一条安全的警戒线。

Cosplay为那些特别渴望扮演异性角色的、好奇心充盈的人们提供了一个尝试的场域。

Cosplay的前提是喜爱剧中的角色，注重的是模仿和神似，而很多日本漫画和游戏中的男性角色，虽然智慧和能力超群，但外表偏向俊秀、瘦削、美丽等中性类型，对扮演者性别要求容易淡化，因此一些女性Coser只要形体上比较适合，气质和形象也没有太大的不协调感，就可以扮演男性角色。随着 Cosplay 活动的发展，女性故意为之的“易装扮演”较之男性扮演女性角色越来越普遍，女扮男装的“易装”形象也深得女性受众的喜爱。当一些女性 Coser 被问及原因时，她们毫不避讳，非常坦率地说：

> 其实很多人问过我（为什么扮男生），我想还是不太适合，我很清楚自己要走的路是什么，所以不会轻易去尝试不适合自己的角色。现在美少女这么多，好像并不需要我这一个，我还是坚定美少男之路。（Coser 十夜）〔1〕

> 我是一个女孩，而且之前演绎的都是女性角色。自从“蓝莲花”（《长安幻夜》中的角色）开始，我就适应男性角色。……本来就不是大家闺秀，现在却是越来越爷们了……我的朋友们也说，男装反而把身上的气质活脱脱地给衬出来了。（Coser 求求）〔2〕

从这些或认真或轻快的回答中可以看出，“易装”通常是 Coser 个人根据自己的客观条件和主观意愿自由选择的结果。如果客观条件方面，面相、言行、举止具有主流社会所认同的男性特质，或者不具备所谓的纯粹女性特质，比如长相甜美，身材纤细，细声细语，温柔可人，客观上会促使她们选择男性角色加以扮演。主观上，追求个性和风格化角色扮演效果的 Coser 通

〔1〕 著名 Coser 十夜访谈. 网易博客. http://heather.136.blog.163.com/blog/static/1565952520107196213557/.

〔2〕 Cosplay 大三女生爱扮“纯爷们”. 凤凰网. http://games.ifeng.com/special/cosplay/cosinchina/detail_2010_09/07/2455048_0.shtml.

常也会避开趋同化的、类型化的角色，选择那些未必流行，甚至有些另类，却是自己喜欢又能表达自我的角色扮演，这时，男性角色会比较受女性 Coser 的青睐。

除此之外，斯蒂芬·海纳曼关于猫王女粉丝研究的理论能给我们一些启迪，并促使我们对好奇心驱动下的跨性别扮演做进一步的思考。海纳曼借用了弗洛伊德、拉康、拉普朗什和彭塔利斯的精神分析理论，并且从她长期对美国著名歌星猫王埃尔维斯大量女性粉丝展开的研究中抽出五个个案进行详细的检视，发现埃尔维斯在他的女性粉丝中"代表了一个完美的场域，一个禁止或限制欲望的充分表达的世界之外的另一个世界"[1]。被禁止和限制的欲望是被充分压抑的欲望，但被压抑的欲望并不是消逝的欲望，这种欲望会在人心里生根发芽，伺机而动，或多或少地在每个人身上体现出来。这种被压抑后再次寻找机会表现出来的欲望，海纳曼称其为"幻想"。在她看来，幻想是人类存在的一个基本特征，我们无法想象一个人从来没有幻想。假使一个人真的失去了幻想，那只能说明是这个社会全面地压抑着人性，将人变成"非人"。

被禁止和限制的欲望是被充分压抑的欲望，但被压抑的欲望并不是消逝的欲望。

有压抑，就会有幻想，而幻想通常是聚集在被禁止、被压抑的事物周围，以一种与困难情境相协商的方式出现。"当欲望被禁止，而对完全满足的渴望却仍然存在时，断裂产生了。幻想就在这个断裂上搭起了一座桥梁。幻想让我们能够缩小我们需要的或想要的东西，与我们能得到的东西之间的距离。当无意识欲望得到某种东西，而自我却禁止它时——这将使身份和自我成为悬而未决的问题——幻想便乘虚而入。"在这里，"幻想"具

[1] 斯蒂芬·海纳曼."我将在你身边"——粉丝、幻想和埃尔维丝的形象.贺玉高，译.陶东风.粉丝文化读本.北京：北京大学出版社，2009：167.

有医生在处理伤口时所用的"缝合术"的功能,当个体最脆弱的时候,幻想挺身而出,起到缝合身份的作用。也就是说,我们视之为"好奇心"的东西其实是被压抑住的欲望,男性想尝试变成女性,女性想摇身成为男性,对一些个体来说,也许是挥之不去的欲望,但社会规范和习俗道德却禁止他们这样去做,可是,不让尝试并不意味着这样的欲望和冲动就会自然地消失,它会寻找各种不同的方式表现出来。当压抑的欲望找不到"出口"时,幻想便油然而生。追星,成为自己喜欢的明星的铁杆粉丝,是一种选择;扮演,让自己成为自己喜欢的性别角色,也是一种选择;易性,彻底改变自己的性别,当然也是一种选择。只不过,成为一个追星的粉丝,未必能满足自己全部的幻想,而易性虽然颠倒了自己的性别,却很难得到社会的普遍认同。如此看来,"易装"仿佛是一种两全其美的满足欲望的方式,既可以化身为异性,体验别样人生,又只是轻微地触犯社会性别禁忌,不必承担太大的风险。

"易装"仿佛是一种两全其美的满足欲望的方式,既可以化身为异性,体验别样人生,又只是轻微地触犯社会性别禁忌,不必承担太大的风险。

很有意思的是,"易装"扮演获得成功后,角色会令人无法控制地对扮演者产生影响,如 Coser 求求所说,易装成男性之后,角色让她看上去比本真的女儿身更自然、更真实、更能衬托出气质,她由此爱上女扮男装,甚至走火入魔,"吃饭、走路、睡觉的动作都模仿着爷们的架子",结果"女生在我面前撒娇,男生在我面前称哥们"。[1] Coser 十夜诸多成功的易装扮演形象,常常引发 COS 爱好者关于她真实性别是男是女的追问,即使被人告知她本是女儿身后,依然有许多粉丝不相信、不接受。这是跨性别扮演的魅力。

〔1〕 Cosplay 大三女生爱扮"纯爷们". 凤凰网. http://games.ifeng.com/special/cosplay/cosinchina/detail_2010_09/07/2455048_0.shtml.

雌雄同体，一种完美的理想气质

在众多的女扮男装的“易装”实践中，有一些男性角色得到女性 Coser 广泛而持久的认同，从“朽木白哉”到“阿斯兰·萨拉”，从“酷拉皮卡”到“冲田总司”，从“安碧城”到“慕容紫英”，从“周瑜”到“东方不败”，这些角色几乎已经成为 Cosplay 舞台上的常青树，光彩夺目，一代又一代女性 Coser 钟情于他们，乐于不断在创新的扮演中赋予这些男性角色以永恒的生命活力。

“朽木白哉”、“阿斯兰·萨拉”、“酷拉皮卡”和“冲田总司”都是日本漫画中的著名角色。朽木白哉是日本漫画家久保带人作品《死神 Bleach》中的人物，是四大名门之首“朽木”家第二十八代传人、现任当家，地位显赫，家境富裕，擅长“瞬步”，且聪明、冷静，身通百艺，虽重视感情，却一生失意。阿斯兰·萨拉，动画《高达 SEED》及续作《机动战士高达 SEED DESTINY》中的男二号，长相俊秀帅气，有着海蓝飘逸的头发，湖绿色深邃的瞳孔，为人温和善良，细心体贴，忠于爱情，是一个优雅的贵公子。但身为军人的阿斯兰，也有凶残似狼的一面。酷拉皮卡，日本漫画《HUNTER × HUNTER》里的虚构角色，外表冷峻严酷，有点洁癖，但充满魅力。酷拉皮卡非常聪慧，知识广博，具有领导和组织才能，做事认真稳重，有条有理。比较理性，但偶尔也会冲动。为了报

朽木白哉。左为动漫作品主角朽木白哉，右为 COS 作品。外冷内热的美男子朽木白哉在《死神 Bleach》中拥有超高人气，深受男女青少年喜爱。

仇可以疯狂地不择手段，但本质极其善良，把伙伴和人类的生命看得很重要。冲田总司是日本漫画家黑乃奈奈绘的超人气经典之作《新撰组异闻录》中的人物。和酷拉皮卡一样，冲田总司也具有双重性格，一方面他是个病弱苍白的美少年，身穿浴袍，温柔爱笑，心思细密，喜欢小孩和宠物，散发出淡淡的忧伤；另一方面，他剑术高超，冷峻，尤其在执行任务时，变得非常冷酷无情，外表明亮开朗，内心却隐藏着许多悲伤，言行之中透露出与其年龄不符的沧桑。

安碧城和慕容紫英是国产 ACG 作品中的人物角色。安碧城来自原创漫画《长安幻夜》，这是一个有着淡金色头发、冰绿色眸子的具有波斯血统的美少年。安碧城身上有许多不为人知的秘密，掌握着一些出处不明的神秘仪式与小小法术，美丽外表下掩盖着一颗热烈的爱钱之心。慕容紫英是经典国产单机 RPG 游戏《仙剑奇侠传 4》中的男二号，从小就被送往昆仑山修行，天赋极高，对铸剑、养剑之道极为钻研专精，痛恨一切对宝剑不尊、有辱宝剑威名的行为。通常一袭白衣，御剑而行，达到了“以气御剑”的高超境界。外表冷峻严肃，内心古道热肠，处事冷静，行事凌厉，是一个恩怨分明、重情重义、值得信赖的伙伴。

周瑜和东方不败是历史故事和武侠小说中的著名人物。周瑜出身官宦之家，仪表英俊，聪颖过人，多谋略，人称周郎。但慧极必伤，一心为主以至于心力交瘁而亡。东方不败可谓是奸雄中的枭雄，武

安碧城。左为安碧城，右为 Coser KENN 的 COS 作品。《长安幻夜》中诸多男性角色都有着俊美的面容，这使整部作品充斥着华丽、梦幻、精致的气息。

功天下无敌，用计谋获得神教教主之位，为练《葵花宝典》不惜挥刀自宫，从此阴阳颠倒，雌雄莫辨。

从上述简要的人物介绍中可以发现，女性 Coser 和粉丝们所喜欢的男性角色虽然各具个性，但也有着许多相通之处。通常那些外表和内心有着明显差异的角色，那些性格鲜明、敢爱敢恨的角色，甚至那些亦正亦邪的角色，往往更容易成为女性 Coser 群体中的人气角色。这些男性角色间高度相似的特征是集美与力于一身，美型与力量完美结合，是女性 Coser 最爱的男性角色。

美型与力量完美结合，是女性 Coser 最爱的男性角色。

"美型"是最不可缺少的特质。"貌美如花"、"妖艳美姬"，诸如此类的修饰语通常用来形容女性美貌，但在 Cosplay 的世界里，却被毫不吝啬地送给了那些长相俊美的男子。正是这些温文尔雅、俊秀潇洒，容貌偏向中性化而非满脸胡茬、浑身肌肉的男性角色获得了女性 Coser 的青睐，她们爱慕他们的外表，为他们的美丽而倾倒。

D 伯爵。左为 D 伯爵漫画形象，右为 Coser 天狼的作品。

"八重雪"——《长安幻夜》中的角色。是有着"美丽如豹子"称谓的皇城守卫队——金吾卫的首领。上将军八重雪是个身材娇小玲珑，容貌美丽非凡，比女人还明艳的男子，同时也是身手比鬼魅还矫捷的武者。他性格异常自恋，说话也毫不留情。被称为"大明宫之花"的他，还兼任太子的剑术老师。[1]

"D伯爵"——日本漫画家秋乃茉莉作品《恐怖宠物店》《新恐怖宠物店》中的人物，在魔都经营着一家专卖"爱"和"梦"生意的宠物店。D伯爵是清朝末年获得欧洲某小国封号的D伯爵的重孙，有着像女性一样俊美的面容，左眼紫色，右眼金色，外表永远是20岁。身着唐装，打扮妖艳，连声音都那么蛊惑人心，充满着神秘的东方气息。[2]

一边是"娇小玲珑"、"美丽非凡"、"明艳"、"妖艳"、"东方气息"，一边是"如豹子"、"俊美"、"身手矫健"、"毫不留情"、"皇城守卫队首领"……这两类词汇，前者通常用于夸赞女性的容貌气质，后者常用于表现男性令人敬佩的品质德性，在现实生活中，两者泾渭分明，一般不会互用。如果将"美貌"、"温柔"、"善良"、"内敛"这样富有女性气质的词汇用来描述男性，那一定不是赞美；同样的，将智慧、力量、气势、权力这些男性所专属的词汇去描述女性时，那也一定不是真诚的夸赞。但是，在现实生活中行不通的东西，在一种社会文化语境中被禁止和压抑的东西，换一个社会语境或许就是被许可的、合法的。比如，Cosplay那些夸张炫目的服装，在现实生活中就是被禁止的奇装异服。再比如"易装"，在规范化的社会中，那是一种出格的打扮，是一种出轨的行为，但将奇装异服和"易装"换到Cosplay的游戏天地间，这一切又都被认为是暂时性合法的。因此，女性Coser将分别用于男女两性的词汇、服装、气质合二为一，并且全部依托在一个与自己性别不同的男性角色身上，在完成"雌雄同体"完美人格

在完成"雌雄同体"完美人格的幻想的同时，刻板的男女两性形象被模糊，被跨越，甚至被颠覆。

〔1〕 长安幻夜. 百度百科. http://baike.baidu.com/view/705453.htm.
〔2〕 恐怖宠物店. 百度百科. http://baike.baidu.com/view/61613.htm.

的幻想的同时，刻板的男女两性形象被模糊，被跨越，甚至被颠覆。

瑞士心理学家荣格指出，男性内心存在着女性的一面，即“阿尼玛”(anima)原型，女性心理中也存在着男性的一面，即“阿尼姆斯”(animus)原型。无论男女，每个人天生具有异性的某些性格、气质等属性。这一点后来被不同领域的研究者们所证实和发展，心理学家霍尔认为，不仅因为男性和女性同样分泌雄性激素也分泌雌性激素，并且从心理学方面来看，人类的情感和气质总是兼有两性倾向的。“阿尼玛”投射比较多的男性有着温柔、细腻的心理特征，而“阿尼姆斯”投射较多的女性坚强、勇敢、乐于冒险。贝蒂·弗里丹、弗吉尼亚·伍尔芙等女性主义者通过自己的著作，提倡“雌雄同体”(Androgynous)的人格，在她们看来，要把男人和女人从文化建构的男性气质和女性气质的桎梏中解放出来，就得发展一种理想的人格类型，它能体现流行的男性性别气质和女性性别气质，那就是雌雄同体。心理学家桑德拉·贝姆编制了一个著名的性别角色量表，以测量一个人的性别特质究竟是男性化、女性化、双性化还是未分化，在她看来，与其说一个人“不男不女”，不如说“很男很女”，充分肯定了雌雄同体的人所拥有的完美气质，“充满完整的传统的女性特质——有爱心、同情、温柔、敏感、善于交际、合作，同时又有充分完整的传统的男性特质——进取心、指挥才能、创造性、竞争性”[1]。卡洛琳·赫尔博容也认为“雌雄同体”确实绕开了僵硬的两性对立观，是一个“拒绝身体、性欲或是任何性别差异之物理性特征

〔1〕 Sandra L. Bem. *Probing the Promise of Androgyny*. By Alexandra G. Kaplan, Joan P. Bean, *Beyond Sex-Role Stereotypes: Reading Toward a Psychology of Androgyny*. Boston: Little, Brown, 1976, p51.

的精神理想”。精神分析女性主义者则建议建立一个雌雄同体的社会，让每个充分发展的人都融合正面的女性气质与正面的男性气质[1]，女性在脱离父权社会所规定的“陈旧而错误的”角色之外，也能展示自身那些只能被男性所拥有的“强势”个性。

在Cosplay的词典里，“雌雄同体”通常被理解成“中性化”的角色。无论是“易装”成女性，还是“易装”成男性，的确都体现出男女两性合二为一的“中性化”特征，对此，Coser黄山的看法是：

> 每个人群都有每个人群的审美观的吧，像我父母那辈就觉得，男人……应该是虎背熊腰…但是现在世界的美的标准，应该是中性为主，兼顾两者，特别是漫画，大气候更是如此，那么就COS而言的话，漂亮的男孩子应该是中性的美丽男生。但是我觉得女相男生就好，男人的气度风度不能没有，我讨厌性格婆婆妈妈的人=_=。至于我自己……天生的东西没法改变……我对自己很不满意……[2]

生理性别无法改变，但社会性别是可以改变了。为数不少的Coser正是缘于对刻板性别的厌恶，对自身性别气质的不满，对完美个性和人格的想象，才去尝试“易装”COS的。

女扮男装，对刻板印象的冲击

从婴儿离开娘胎、呱呱坠地起，男孩女孩的生理标签就会伴

---

〔1〕 汪民安．文化研究关键词．南京：凤凰传媒集团江苏人民出版社，2007：220，321.

〔2〕 Coser黄山采访节录．百度百科．http：//baike.baidu.com/view/1690853wen.shtml.

随他们的一生。随着年龄的增长，男孩女孩的个体心理和社会行为也越来越分道扬镳，呈现出明显具有差异的男性气质和女性气质，比如男性要“阳刚”、“勇猛”、“无所畏惧”，女性则要“秀气”、“温柔”、“安静”等。男女气质的差异，在以男性为中心的男权社会看来，那是由生理差异决定的，是与生俱来的，而在女性主义者看来，那更是由社会文化建构出来的，“人不是拥有性别，而是塑造性别”，波伏娃也说“女人不是天生的，是后天形成的”。当男权意识下建构起来的社会性别文化通过学校、家庭、社会、媒体等渠道不断作用于人们时，性别刻板印象（stereotype）逐渐深入骨髓，根深蒂固地影响了男人女人。“男主外，女主内”成为理想家庭模式。女性被要求“善良贤淑”，做相夫教子的贤内助，男性则被要求做大丈夫，所谓“男儿有泪不轻弹”。

性别刻板印象的直接后果之一就是对性别的歧视。在男女性别二元对立的社会结构中，男性是第一性，那么女性就是附属于男性的“第二性”，是作为男性的“他者”而存在的。男性中心主义的父权制社会，通过社会制度、文化传承、学校教育、大众媒体以及整个社会环境气氛等全方位的渠道传播和强化男性女性在个性气质、性别角色和社会地位三方面的不同，从而巩固自己的统治，将女性牢牢控制起来。

在个性气质方面，我们的社会通过“定型化”与“自然化”的运作方式，从服装、行为、语言、性格上，不同程度地定义了两性差异。比如，温顺、柔弱、依附性被视为女性的自然本质，因此，强势、主动、具有进攻特征的女性则被认为是“怪异的”、“假小子”、“不像女孩子”。媒体偏向性的报道，也将“女强人”、“女博士”、“铁腕女性”、“三高女人（高学历、高收入、高品位）”与“感情空虚”、“冷酷”、“霸道”、“古怪”等情感和性格评价指标关联起来，在明褒暗贬的语言修辞中，将不符合男权社会有关女性话语要求的，有个性和风格的女性，整体认同为“异于常人”和“非女性”的妖魔化形象。

社会对女性个性气质的单一化、模式化的钦定，显然与现实生活中多彩多姿的女性气质相差甚远。如果我们认同男性中心主义给予的女性气质，那么就必须扼杀女性个体身上与此不符的个性特性，扼杀女性群体之间差异多元化的个性风格，削足适履，将成为丧失自我、依附男性而存在的一个附属性群体。

然而很不幸的是，现今的社会文化环境恰恰就是如此要求女性的，这就意味着，顺从传统标准的女性在今天残酷的生存环境中势必丧失安全感，而表现出独立坚强的特质又被认为是“不像女人”。女性多样化的气质欲求和单一性别模式化的现实之间产生严重断裂，幻想于是产生，略不同于普通粉丝的是，Cosplay 扮演者不仅仅将幻想寄托在阅读、观看、追踪动漫偶像的过程中，在幻想中将偶像们与自己的个人生活纠缠在一起，以此寻求被压抑的个性和欲望的释放，而是以更积极更主动的方式，在幻想的基础上稍稍向前迈进了一步，参与到与偶像的互动中，将自己与偶像合二为一，或者说化身为偶像，正如菲斯克所言，“她们在日常生活的各种实践中，理解她们对父权的抵抗”。在这样的意义上，Cosplay“易装”扮演就是一个关于反抗的语境空间，“易装”帮助女性 Coser 在男性这个“他者”的气质映衬下，重新审视、发现、挖掘自己身上不同于父权体制所认定的女性气质，释放在现实社会和日常生活中被压抑的欲望，如 Coser 十夜就认为自己特别喜欢也适合“易装”扮演，Coser 求求也认为“易装”为男角令她感觉比本真的性别角色还要自然真实。

女性 Coser 通过不断扮演具有自己所认同的气质、性格、命运的男性角色来重新寻找着塑造着自己的形象。她可以“坚毅”、“勇敢”、“进攻”，她可以“狂傲”、“自信”、“目空一切”，她可以“潇洒”、“多情”、“欣赏美丽的女子”，她更可以“为王”、“为将”、“被万人尊崇爱戴”。樱庭时央曾在回答记者采访时很认真

女性 Coser 通过不断扮演具有自己所认同的气质、性格、命运的男性角色来重新寻找着塑造着自己的形象。

地说："(扮演男性角色)可以扮演另一个自己。"[1]流转于一件又一件戏服间的女性们，用"模糊"的外表建构起一个"清晰"的自己。

性别戏仿，让扮演更精彩

讨论了女性"易装"扮演的文化实践意义后，将目光转向男性"易装"，他们的扮演形式和意义与女性"易装"有何区别呢？

"易装"男性有时被人不加区分地称为"伪娘"。"娘"在日文中是指"美少女"。在 Cosplay 中，男性易装扮演的对象通常是美貌的少女，故有此称谓。扮演美少女的男性，男性意识清晰，性取向正常，有的还有女朋友，他们对女装也没有特殊的喜好，只是在 Cosplay 的特殊语境中才以女性身份出现，而一旦离开扮演场所，回归日常生活，他们便也回归男儿身。但是，在数量众多的男性 Coser 中，凡能成功扮演女性角色的男性，通常都有着适合扮演女性角色的相貌，比如美丽姣好的外表或中性化的长相。

洛丽塔少女。《下妻物语》中的松糕鞋、蓬蓬裙、缎带、白、红、粉，是洛丽塔的标志。

与女性易装相比，男性易装扮演的角色比较狭窄，最常见的是扮演很有"萌"态的洛丽塔(Lolita)类型的少女，或是颇具哥特风格的神秘女子。

洛丽塔是弗拉基米尔·纳博科夫(1899—1977，Vladimir Nabokov)同名小说

〔1〕 樱庭时央采访节录．百度百科．http：// baike. baidu. com/view/739892htm.

中的女主人公，故事描写了13岁的洛丽塔和一位中年男子的感情故事。小女孩的不伦之恋，让“洛丽塔”传入日本，再传入中国时，成为了一个内涵丰富的意象，既可以指代纯真美貌的少女，又俨然成了富有诱惑力、妩媚娇艳、带点儿企图心的少女的代名词。少女是长不大的美丽女孩子，为了凸显这种稚嫩可爱的气质形态，“洛丽塔”服装被量身定做地设计和生产出来。深田恭子在洛丽塔风格的电影《下妻物语》中那身繁复的洛可可时代的宫廷装、花边洋伞、厚底松糕靴，就是典型的洛丽塔服装。这种服装从洛可可的浮艳中演化而来，极尽奢华也极尽精美，裙子、鞋袜、洋伞、礼帽，每一项都流露出少女般的甜美柔嫩，而身着这种服装的人物通常有极致的可爱或过人的聪慧，都散发着甜美可爱又如小精灵一般的味道。

“洛丽塔”风格被淋漓尽致地运用在动漫角色的服装上。Loli服饰下角色们都具有浓厚的少女气质，但不同的服饰颜色表征了角色的不同性格。洛丽塔也可译为“萝莉”。通常，洛丽塔风格被细腻地区分为三种类型，粉红甜美如洋娃娃一般的Sweet Lolita（甜美萝莉）、高贵典雅如公主一样的Classical Lolita（经典萝莉）和黑白色主打像黑暗精灵的Gothic Lolita（哥特暗黑萝莉）。

Lolita的类型。从左至右分别为Sweet Lolita（甜美萝莉）、Classical Lolita（经典萝莉）、Gothic Lolita（哥特暗黑萝莉）。

尤其是“哥特”风格，鲜明地挑战了传统女性的着装风格，表现了女性性格

男扮女装的动漫角色。谁能辨我是雌雄？易装是 Cosplay 界的潮流。

除甜美、娇艳之外其他更丰富多彩的层面，比如冷艳和妖魅。一些有个性的女性 Coser 非常偏爱这种风格。但在男性“易装”扮演中，很少看到有哥特风格的扮装，他们更偏爱甜美型和公主型。男性“易装”扮演的作品多为洛丽塔风格的美少女，也有动漫作品中的美少女战士。

服装是一个符号系统，透露出一个人的风格和价值认同。进一步而言，服装其实还是一个社会文化价值的承载物，它可传达信息，又以一种隐晦的方式影响社会成员的行为和态度。罗兰・巴特在《流行体系》一书中就曾以符号学的方法，分析流行杂志中的书写服装，将流行服装杂志看做是一种制造意义的系统。因此，服装不是只有蔽体和保暖的功能，服装还是意义的载体。

服装不是只有蔽体和保暖的功能，服装还是意义的载体。

在性别化的社会里，服装和性别有着强烈的关联。一方面，作为符号表征，服装标示了社会地位和性别；另一方面，服装也可以成为颠覆社会地位和性别的利器。就如裙子和领带那样，既可以明确标志和维持两性之间的界线，反过来，也可以打破这个界线，关键是看裙子和领带穿戴在谁的身上。

由上文的论述可以得知，性别角色是非本质性的，并不会因为是男性或女性就应该具备哪些特质，或应该有何种举止和穿戴什么类型的服饰。但是，在社会文化的熏陶和浸润下，人们总是不由自主地将性别和衣服联系起来，比如男性穿长裤，女性穿裙子，穿皮夹克与长筒靴展示的是男性气质，选择蕾丝花边和百褶裙则是温柔婉约的女性气质。不遵守这些社会规范的人，会被人鄙视和嘲笑。而不可否认的是，在后现代情境下，性别认同正在经历激烈的转型，所谓的男性气质和女性气质对立的划分已经遭遇到严峻的挑战，性别认同可以成为个人的自由选择，呈现出跟以往不同的流动特质，相对于过去性别认同经由社会建构不同，后现代社会中的性别认同更偏向于独特的、个人的，容许自我糅合和拼贴。[1]

纵观世界服装史，这些现象早在18世纪就已产生，那时的贵族和小资产阶级男女的服装并没有泾渭分明的区别，男性服装和女性服装一样，大量地使用蕾丝、天鹅绒和上等丝绸，并且以刺绣、镶边等繁复华丽的工艺装扮自己，以假发和各式化妆品装点自己。19世纪之后，社会变革，新教伦理盛行，奢华铺张之风消失，男性服装才与女性服装分野。时至今日，性别模糊已经不罕见，有男性化的女人，也有女性化的男人，世界范围内刮起了"易装"风。据报载，传统的"男权国家"日本不仅出现了一批"爱裙族"男人，更有数量庞大的"食草男"。日本人对"食草男"的定义是：喜欢用化妆品，偏爱女性服装，缺乏男子汉的主动，喜欢独处，自娱自乐，等等。据日本一项名为"partner agent"的调查报告称，自认为是"食草男"的日本男人高达75%。不久前日本电视台曾报道，在号称日本私立大学"三雄"的庆应大学、早稻田大学、上智大学的精英预备军中，有一批男性裙装爱好者，他们说自己并没有变性倾向，只是把穿裙子当做一种爱好。两性之间僵硬的刻板印象在世界范围内，因为社会文化的变革已经出现松动的迹象。

传统观念认为：社会是由男性和女性共同组成的，男性和女性既有生理性别的差异，也有性别气质的差异，因此，男女是不

〔1〕 Kacen, J. J. *Girrrl power and boyyy nature: The past, present, and paradisal future of consumer gender identity*. Marketing Intelligence & Planning. 2000, 18(6/7):345—356.

一样的，是不能平等相待的。随着女性主义运动的深入人心，社会性别建构的理论被广泛接受，生理性别的男性之所以必须有阳刚之气，生理性别的女性之所以必须具备阴柔之美，这是由特定的父权制社会所建构出来的。Cosplay 易装扮演恰恰说明身体性征和社会行为的性别特征完全可以具有不一致性，男性身体可以承载女性行为，女性身体也可以承载男性行为，人的生理性别与社会性别不是统一的，不是天生就有必然联系的，而是社会性别建构的结果，因此，一个男性在生理性别上是男人，在社会性别上未必就一定是男性，生理性别和社会性别之间不一定要画等号。

关于这一点，女性主义理论家巴特勒有非常精辟的理解，她认为，我们不能断定“男人”这个建构绝对是男性身体衍生的自然结果，或者“女人”只能体现在女性身体上，我们也没有理由认同社会性别只有两种形貌。因此，“建构社会性别身份根本上是独立于生理性别的，社会性别是一个自由流动的设计，男人与男性可以意指女性身体，就像它们意指男性身体一样；而女人与女性也大可以意指男性身体，就像意指女性身体一样”[1]。在 Cosplay 扮装文化实践中，男女互为“易装”的扮演，能够达到乱真的程度，便是对这一观点最好的注脚。一个 Coser，当他（她）暂时性放弃其本真的性别，易装扮演另一个性别角色时，同样可以惟妙惟肖，因此，并不是他们与生俱来的性别决定了他们只能如何表现，而是社会性别规范刻板化了所谓的女性气质或男性气质。

身体是与生俱来的，长期以来，身体被认为是无意义的。但女性主义的理论认为，身体是一个表面，一个中介，一张白纸以

---

〔1〕 朱迪斯·巴特勒. 性别麻烦. 宋素凤，译. 上海：上海三联出版社，2009：9.

及文化书写的场地，铭刻了文化建构的各种痕迹。福柯更深入地讨论了身体和权力之间的关系，他认为身体是“权力规训的身体”，而权力则无所不在，并通过体制化的话语实施于日常生活的方方面面。古代中国的训诫“身体毛发，无不受之于父母”，要求做子女的不能随便剪短、伤害自己的头发和肌肤；“楚王好纤腰，宫中多饿死”，无论是皇后还是妃嫔，都要视皇帝的喜好为自己追求的目标。封建权力要求男子留长辫，要求女子裹小脚，并强制性地将“三寸金莲”发展成为朝野上下的审美趣味，权力规训下的身体变得扭曲而病态。对身体衣食住行的长期的训诫成为一种教化，一种无意识，无论是女性还是男性，都被驯服地遵循着一套大众文化心理认可的身体规范。

另一方面，身体作为文化书写的场域，它的反叛性也与社会规训和主流意识形态如影随形，身体往往成为个人反叛的最佳载体，服装则成为反叛的最佳表征。古时候有豪放文人披头散发，敝屣褴衣，敞胸露怀，以彰显自己不受束缚、不屑礼教的超然态度。民国女子不施粉黛，身着男装，强身健身，张扬“男女平等”的精神和个性。Cosplay 的角色扮演是基于身体的文化实践，服装是其必不可少的道具，因此可以说，服装既可以体现社会性别的规训，也可以体现“反规训”，特别是“易装”扮演，在扮演者的身体上，通过夸张的性别服饰，乱真地扮演出异于自己性别的角色形象，有力地挑战了主体性别身份的统一性。

身体往往成为个人反叛的最佳载体，服装则成为反叛的最佳表征。

当然，“易装”扮演不可剥离的游戏性，无疑让这种性别颠覆的意义和价值不能与直接对抗异性恋社会结构的其他跨性别行为，如同性恋、双性恋等相提并论，但“易装”对性别的戏仿，服装性别与身体性别的模糊和错位，其意义也非同小可。

Cosplay 从来不是在真空中上场。它的诞生或许与娱乐游戏相关，但当它蔚然而成为规模化的文化实践时，市场之手便与此缠绕不休，文化资本的累积也蠢蠢而动。是坚守 Cosplay 精神，还是接过商演伸来的橄榄枝？Cosplay 的舞台永无安宁。

博弈：文化权力与經濟利益

Cosplay由三五好友以兴趣结缘的“私影”活动，走向非官方无利益关系的业余社团活动，再进一步走向官方的、商业的经营活动，其文化实践活动的性质随之由单纯的游戏活动逐渐演变成自娱自乐和商业谋利复杂渗透的行为。毋庸讳言，其间充满了博弈，既有个人兴趣爱好、社团组织、经营性公司之间的互相妥协和博弈，也有经济资本、文化资本、社会资本之间的共谋和纠缠，个人、社团、经营性公司在Cosplay的过程中，分获属于自己的各类资本，也分获相应的权力。可以看到的是，“私影”以爱好集群，当完成一定的资本累积后，会转向社团形式维系Cosplay的爱好，也会转向经营性的展演，在商演中保持那种单纯的爱好。经营性公司的目的是借助Cosplay活动谋取利益，因此，他们所有的行为都与Cosplay爱好者所坚持的“喜好”无关。社团组织在Cosplay中是一个特殊的存在，它小心翼翼地维系着Cosplay成员所坚持的“喜好”，但又谨慎地将触角伸向商业经营，平衡成员和经营性公司之间关于Cosplay的差异化认知和动机，在一定程度上凸显了社团组织在Cosplay文化实践中的重要性。

Cosplay的生产者：个人、社团、经营性公司

无论是声名远播，还是籍籍无名；无论是资深的权威，还是刚入行的新手，所有Coser都是Cosplay活动的生产者，各种大大小小的Cosplay活动以及或成熟或稚嫩的COS作品都来自于他们的共同努力，也正是他们，用智慧和汗水让Cosplay走上了持续蓬勃的发展之路。毋庸讳言，不同的Coser从事角色扮演活动的方式是有差异的，他们投入的时间和精力也是有差异的，因而从中获得的趣味和资本也是不相同的。从现有的生产方式来看，Cosplay主要依托三种类型展开生产活动，一是以兴

趣结缘的个体；二是以社团为组织形式的团体；三是以经营性公司为推手的商业活动。因此，一方面，无论是细胞般的个人、凝聚集体力量的社团组织，还是越来越多推进 Cosplay 圈血液快速流动的动漫文化公司、杂志社，都在为这项青少年文化活动不断输送新鲜的面孔、不灭的热情、流动的灵感和源源不竭的创意；另一方面，个人、社团以及经营性公司也都面临着困扰他们各自的问题，这加深了他们之间或妥协或抵抗的复杂的博弈关系。

个人 Coser 是 Cosplay 文化实践活动最早也是最基础的生产者，COS 最初就是属于个人或者有同好的三五好友之间的休闲文化活动。其特性是，兴趣为上，不求名也不求利，Cosplay 的动机比较单纯，仅仅停留在要将自己钟情的动漫角色再现出来以及以此结识同好。个人发起的 COS 活动往往只局限于私人聚会，且在私人空间活动，故被称为"私影"。他们除了在网络论坛和个人网络空间中公布 COS 作品外，一般不会主动推广自己，因而大多也就默默无闻、鲜为人知了。尽管如此，个人 Coser 并没有随着 Cosplay 活动的蔚然成风和大规模发展而消亡，他们以不同的存在方式活跃在 Cosplay 发展的各个时期，是 Cosplay 最广大的参与者和生产者。

个人发起的 COS 活动往往只局限于私人聚会，且在私人空间活动，故被称为"私影"。

不属于任何社团的个人 Coser，在 Cosplay 圈中通常被称为"自由人"，他们基本上由个人独立完成 COS 的全部工作，比如制作服装、扮演、拍摄、后期制作、发布作品等，偶尔也会和两三个日常生活中的好友、同学、同好等分工合作完成某个作品。随着互联网络交流的日常化，也有 Coser 个人通过网络论坛发帖的方式，发起某项 COS 任务，召集一些对此有兴趣而彼此间不甚熟悉的人。通常这种帖子内容中都会附加上某些限制条件，以表示此项 COS 具备兴趣聚会的性质，既是扮演游戏也是结交朋友，如：

【招募长三角地区】雏微作品《七月乱世 九日为鸦》原创耽美小说 COS 招募。主外景

于是,这是自己进入耽美圈子不久就看的一篇文,非常喜欢非常萌,所以希望能够做出最满意的 COS 来。因此整部作品的 COS 应该会延续一个相当长的时间,希望加入的亲们能够理解"我想把自己的最爱图片化"的心理,保证不要中途离团。目前计划是先出外景,然后考虑短片,舞台如果有机会的话也可以上。但是外景是主要目标。接受一定范围内的异地合作。[1]

这则招募信息发布在"Cosplay 王国"的 COS 活动信息交流版块——"众议院"区中,招募同好一起完成原创小说作品 COS 的信息。信息一开头就表明了自己提出这次任务的原因(因为爱原作,希望能将最爱的角色扮演出来),并希望得到加入者的支持和一致不懈的努力;然后交代了本次任务的具体安排计划和人员要求。与早期个人 Coser 限于私人领域、不主动推广自己不同的是,这种以"同好"为动力的招募,也与时俱进,在 Cosplay 的活动空间和作品呈现方式等方面都有所拓展。下面是另一则招募信息:

【魔都】私影求 CP～具体请戳 QAQ～

◇关于自己◇

净身高 167,体型偏瘦,较容易相处,属性为腐＝w＝

◇CP 要求◇

对原作(角色)有爱,年龄最好 16＋(这货大学党 太小

[1] Cosplay 王国. http://bbs.wfu.edu.cn/cgi-bin/lt/topic.cgi? forum＝9&topic＝2870&start＝0.

怕有代沟 QAQ)，相貌要求不大，端正即可，毕竟自己也不是啥美人╮(╯_╰)╭

◇计划◇

京音ロン公式 求 松田っぽいよ 松田妹子一起来最好 ww

NO.6 紫苑 求 老鼠（175＋ 可以垫）

うたの☆プリンスさまっ 音也打歌服 求 时矢(173＋可以垫)或者相关

暂且是这些～

◇联系方式◇

（略）

于是 CP 们快点来敲吾吧 XDD[1]

这是一则用词极为可爱，充满 Cosplay 圈内文化气息的“招募帖”。“魔都”指称上海，“私影”表明了本次招募的性质，CP (couple，中译为一对儿)这里是指求“同好”、“Coser 好友”的意思。内容中一条条具体写出了自己的情况、对对方的要求、任务目标、联系方式等。从信息内容中可以看出，这是个在校学生，耽美粉丝，动漫迷，活泼开朗，准备 COS 的角色是《京音ロン公式》中的松田，等等。

诸如此类的招募信息在论坛中有很多，可见 Coser 之间异地交流合作已经逐渐成为 COS 圈生产创作的一个发展趋势。个人 Coser 通过网络招募形式，可以突破自己身边同学好友圈子的局限，获得更适合自己需求的他者的帮助，完成角色扮演活动，同时，以此方式接触更多的 Coser，满足各自情感交流需要。

---

〔1〕 Cosplay 王国. http://www.cosplayzone.net/bbs/thread－151006－1－1.html.

在这个意思上，Cosplay 对这些“自由人”而言，是获得快乐和结交同好的渠道，动机比较单纯直接，相对于一些有繁复组织纪律的社团，这种方式更加自由，更加灵活。

Coser Arashi 和 Kamiyou 是一个多年“自由 COS”搭档的二人组合。他们两人自相识以来，将 Cosplay 作为共同执著的爱好，凭着各自纯熟的 COS 经验，合作过的角色能排一长列。Arashi 曾坦言“我本人玩 COS 就为了自己，私影是我秀给自己看的……如果单纯地想去玩或者聚会的话，我会仅以一人漫迷的身份去”[1]。虽然信念坚定，但个人 Coser 遇到的问题非常突出。比如，因为活动经费有限，服装道具之类的制作不甚纯熟，大多时候一些 Coser 只能一个人缓慢地进行 COS 的前期准备，不仅生产过程漫长，期间还可能因为种种困难而改变主意，放弃 COS。这些限制导致的结果是个人 COS 作品数量少，扮演的角色从简处理，精品不多，除非 Coser 本人的学习经历和专业与美工服装相关，并且有比较充裕的时间。

个人 Coser 是 Cosplay“原真精神”的坚持者，他们强调非爱好决不 COS，非 ACG 作品不 COS，不接触商演，非常低调，但是非常坚定地凭着纯粹的兴趣爱好从事 Cosplay 的文化实践。这种小规模的活动因为投入有限，又局限于私下的休闲活动，能将之作为长期爱好，并持续对其投入热情的人数量极其有限，很多个人 Coser 都是 Cosplay 长河中的匆匆过客，走过一段时期的“迷狂”期后，就会改弦易辙，或从“私影”走向公共领域，或辞别 Cosplay，将之作为一种青春年少的美好记忆。

与个人 Coser 以兴趣聚合，娱乐为主，很难形成规模，鲜出

〔1〕 Kamiyou+Arashi 低调的魅力．漫友·Cosplay100Ⅳ片翼幻想．哈尔滨：黑龙江美术出版社，2006—12：45．

社团在 Cosplay 的发展中发挥了举足轻重的作用。

COS 精品不同，社团在 Cosplay 的发展中发挥了举足轻重的作用。可以说，社团组织是当下国内 Cosplay 文化实践中最主要的生产者，每年全国各地，尤其是一二线城市都会涌现出大大小小、各具特色的社团。这些社团总体可以分为高校社团和社会社团两种类型。高校社团如中国人民大学的“临界”动漫社、南京财经大学的“神寂”动漫社等，以某所学校的动漫社为载体，吸纳有共同爱好的在校学生作为社团成员；社会社团像重庆“世纪诺亚”、广州“美萌”社团等，接纳的是爱好动漫和 COS 的各种成员，其中有大中学生，有专职动漫创意产业的从业者，还有业余爱好者们，涉及范围比较广泛。社团是 COS 圈的重要器官，它使 Cosplay 从松散走向集中，并整合多方面资源，推进 Cosplay 成为青少年群体重要的文化实践活动，而风格迥异的优秀社团为“Cosplay 圈子”这个有机体注入了巨大能量，让 Cosplay 文化实践活动眼花缭乱，异彩纷呈。

无论是高校社团还是社会社团，他们的共同特征是喜好动漫作品，是共同的兴趣爱好让成员们走到一起以 COS 的形式表达这种爱好，出发点与个人 Coser 相似。但个人 Coser 一般只能扮演一部动漫作品中的一两个角色，这对一部具备极多个性化角色的作品来说，委实可惜。由于社团 Coser 的人数一般在 10 人以上，这一优势可以将一部作品中的大部分主要角色再现出来，使合作生产内容丰富、高质量、大型的 Cosplay 作品成为可能。此外，社团可以充分整合每一个 Coser 的个人资源，比如服装设计制作能力、摄影摄像能力、美术能力、组织能力、外联能力，等

世纪诺亚社团。重庆的“世纪诺亚”是 COS 圈超强劲的社团之一。

等，既可以缩短 Cosplay 活动的准备时间，也可以为开展 Cosplay 活动提供各种统筹安排和基本保障。

对于《火影忍者》《死神 Bleach》《圣魔之血》《幽游白书》《网球王子》这些经典、内容繁杂、人物群集的动漫作品来说，二三十个人一字儿排开，各自扮演不同的角色，使 COS 作品显得十分丰富与“霸气”。广州 TB 团的《圣魔之血》大型 Cosplay，其庞大的阵容甫一出现就赢得了观众的惊叫和接连不断的赞叹之声。当时(2006 年)国内的漫展环境还未成气候，COS 水平还不够高，但他们却以自己特有的方式和惊人的毅力坚持了下来[1]：

“圣魔之血”广州 TB 团【非限定】【BT 工作室】【山贼团】[2]

【教王厅】

法兰西斯 CN XP

卡特琳娜·丝弗札 Caterina Sforza CN YANMY

亚伯·奈特罗德 Abel Nightroad CN SHINKO

爱丝缇·布兰榭 Esther Banchett CN HIYA

凯特·史考特 Kate Scolt CN G 蚊

凯雅·茜欧卡“吉卜赛女王”(Gypsy Queen) CN SAYA

【异端审问局】

佩卓斯修士(Brother Petros) CN LALA 二世

帕乌拉修女(Sister Paula) CN SC

马太修士(Brother Mattaios) CN 龙

安德罗修士(Brother Andreas) CN PG

---

〔1〕 漫友·COSPLAY100Ⅳ 片翼幻想. 黑龙江美术出版社，2006—12：192.

〔2〕 74 张经典 COS 啊!!!! 华丽圣魔之血全角色！非限定+BT 工作室+山贼团 !!!. 太平洋游戏网. http://bbs.pcgames.com.cn/topic-952494-1.html.

巴斯洛梅斯修士(Brother Bartholomaios) CN 晓风

【真人类帝国】

赛特·奈特罗德(Seth Nightlord) CN SINASA

密尔卡·法透纳(Mikra Fortuna) CN 虾你波大

伊恩·法透纳(Ion Fortuna) CN 龟速

亚丝塔洛雪·爱丝兰(Astharoshe Asran) CN SIDADO

【蔷薇十字军】

该隐·奈特罗德 Cain Nightlord CN NADA

伊萨克·费南度·冯·坎柏菲 Isaak Fernand Von Kampfer CN A-ONE

迪特里希·冯·罗恩格林 Dietrich Von Lohengrin CN 御风

巴西利克·冯·诺曼 Balthasar·von·Neumann CN 猫夜

女佣 CN 毕

【阿尔比恩王国】

大型 COS 作品《圣魔之血》。2006 年以难度大著称的《圣魔之血》有了庞大的 COS，为圈内人士惊叹。

简·朱帝斯·卓斯林 CN 饼

玛莉史宾塞(Mary Spence)CN 嘉美由

丽丽丝 Lilith CN 妈祖

爱丝缇·布兰榭 Esther Banchett 阿尔比恩王国女王盛装 CN DEMON

道具：NADA，自理服装：自理，COSMO

从 CN(Coser Name)名单来看,此部作品是十足的“大制作”。原著中不仅世界观极为复杂,人物关系网络庞大,而且画风具有强烈的巴洛克精美繁复的特征。这对 COS 的服装和道具提出了强大的挑战。TB 社团凭借自己人数众多的优势和资源优势,完成了这一“不可能完成的任务”。

■“忠义堂”《真·三国无双》◎ 苍天 ◎MV 正片+剧照+各种花絮 MV[1]

……

2006 年 12 月 试装大头照开始陆续拍摄

2007 年 6 月 第一次 354 外景

2007 年 7 月 金戈铁马·天下制霸 舞台剧首演

2007 年 8 月 哈尔滨演出

2008 年 3 月 舞台剧终演

2008 年 5 月 36 武将全员外景

距离拍摄至今两年有余 青涩的表演 简单的镜头

那时的我们有多快乐,现在就有多快乐

我们爱三国,我们爱无双,但更重要的是——

我们彼此相爱。

■■ STAFF ■

摄像/紫堂宿、二阶堂红丸、枕头、西泠

视频制作/紫堂宿、久任

音乐/苍天、新丝绸之路■■

CAST ■■

---

〔1〕“忠义堂”《真·三国无双》◎ 苍 天 ◎MV 正片+剧照+各种花絮 MV. Cosplay 王国. http://www.cosplayzone.net/bbs/viewthread.php? tid=138845 &extra=page% 3D4% 26amp% 3Borderby% 3Drecommends% 26amp% 3Bfilter% 3Drecommend.

曹操：雨辰　　曹丕：七雪　　甄姬：樱泽树

司马懿：百鬼　张颌：二阶堂红丸

夏侯惇：100　　夏侯渊：元火　　魏旗手：yuki

刘备：火舞凤凰　关羽：樱泽白　　张飞：未央

诸葛亮：枕头　姜维：凌¢玖叶

黄月英：以赛亚　赵云：紫堂宿　　马超：卡卡

星彩：小蕾　魏延：球

蜀旗手：恒定率

陆逊：久任　　孙尚香：樱泽弥　大乔：轩辕玖

小乔：樱泽司　孙策：瞳

周瑜：小球　　甘宁：孙市　　凌统：西泠

孙权：lan　　周泰：华炎

吕蒙：默儿子明　吴旗手：蘑菇

祝融：轩辕森杉　董卓：熊猫　　张角：8000

吕布：阿斯玛　貂蝉：樱泽熙

左慈：郭子

《真·三国无双》是日本光荣游戏公司出品的一款以古代三国时代为背景的游戏，涉及人物众多，关系复杂，人物设定、服装武器、内容场景无一不精美细致。这款游戏作品一经推出，就获得了青少年群体的高度认同，至今已出至第六部。《真·三国无双》因其难度高，被 COS 社团视为重量级的 Cosplay 之一，虽然偶尔也能看到个人扮演这部游戏中的某些角色，但群演能更好地体现整部游戏作品的魅力和气势。“忠义堂”在 COS 圈鼎鼎有名，这个社团有两个名称，当他们以中国古典风为 COS 题材时，就用“忠义堂”的名义，而扮演欧美风题材时，则会用“王立国教骑士团”的名称。这个社团除了自身固定的成员会外，还根据扮演作品的需要，吸纳许多自由 Coser 暂时性加盟，人数虽然不固定，但他们每年都会精心准备一个大型COS作品，像动漫作品《HELLSING》、影视作品《七侠五义》及热门游戏《真·三国无双》等。

杭州“304”社团。国内最有名的Cosplay社团之一，汇集了大批知名的实力Coser，《长安幻夜》和《秦时明月》COS曾惊艳四座。

Cosplay社团的活跃，为COS的持续生产提供了保证。杭州“304”社团创团于2001年，五个女孩子怀抱着梦想，开始了充满着汗水、泪水、激情、成功的Cosplay征程。随后的几年里，“304”规模不断壮大，每年都会出现在圈内和圈外的各种视野中，秉承社团认真专业的态度，为COS圈奉献精美的、高品质的、具有唯美灵动风格的COS作品，都能站在区域或全国大赛的领奖台上，捧回属于他们的荣耀，赢得越来越好的口碑和声誉。越来越多的COS爱好者通过他们的作品、漫展以及媒体的报道认识了“304”，并渴望走近它，成为它的一员。2011年，“304”恭列文化部“中国原创动漫扶持计划”的名单中，被更多的组织机构所认同，从而成为国内Cosplay社团的翘楚。

重庆的“世纪诺亚”则是另一个颇具盛名的Cosplay社团。它成立于2002年，由四川美术学院的漫画社“异人馆”和漫画团体“MAGIC世族”合并而成。“异人馆”集聚的是一批对动漫痴迷的高校美术专业的“疯子”，“MAGIC世族”则提供了一批已经踏入社会，能将动漫热情与实际相结合的成熟“粉丝”。一半是实力画手和Coser，一半是长于组织推广的人才，两者相加，如虎添翼，这让社团人才辈出，作品好评如潮，在各大赛事和展会上出尽风头。2009年“世纪诺亚”以COS力作《暴雪世界》惊动美国暴雪（游戏公司）总部，并促使其旗下的“暴雪嘉年华”举办了Cosplay大赛。这一举动使中国Cosplay在国际COS界留下了重彩浓墨，成为佳话。如今“世界诺亚”已逐渐转型为集漫画创作、动漫文化传播、展会承办等一系列职能于一身的综合性工作室，其中鼎鼎有名的就是“拓普志”——一个由杂志、网站、地面活动构架起来的可以相互扯动并能派生各种服务（摄影、租赁、定制）的平台。[1]

除了这些历史悠久、作品丰富、比较强势的动漫COS社团外，一些小型的或成长中期的社团也发挥着难以估计的力量。每年各种Cosplay赛事、动漫展会、同人会场中都能看见近百个社团的身影，少则十来人，多则40至50人，社团俨然已经成为Cosplay文化活动的主要生产者。通过社团，我们认识了许许多多知名Coser；通过社团，我们欣赏到了成千上万的COS作品，也通过社团，我们看到了Cosplay文化实践活动的蔚为大观。可以说，赛事推动了Cosplay的发展和受关注程度，社团推动了赛事的兴盛与热度。

赛事推动了Cosplay的发展和受关注程度，社团推动了赛事的兴盛与热度。

商业公司和商品市场率先嗅到了来自青少年群体的如火如荼的Cosplay文化实践活动的气息。与Cosplay有着近亲关系的动漫文化公司、动漫杂志社得风气之先，迅捷地加入到Cosplay活动中，成为Cosplay生产链上不可或缺的重要一环。北京千色境界动漫、重庆旭荣动漫文化、C3动漫时尚、AA国际动漫等公司都已经将Cosplay纳入他们的经营范围，并视为重点关注和投入的运营项目。与个人Coser和社团Cosplay活动大相异趣的是，这些经营性公司对Cosplay的关注不再是出于个人的喜好，他们更关注漫展演出的效果，能否吸引动漫爱好者

[1] 世界诺亚Cosplay：从承办CJ到震惊暴雪．21世纪游戏网．http：//sc2.uuu9.com/2009/200907/340536_4.shtml#．

的注意力，能否推销商家的各类产品，能否赢得市场实现赢利。"扮演"本身已经不再是 Cosplay 文化实践活动的核心内容，与"扮演"相关的选题、包装、炒作、营销推广等外围工作成为了重心。因此，经营性公司往往以大赛承办单位、大赛赞助、赛事发起、Cosplay 媒介产品策划制作、Cosplay 流程服务、Coser 推广等角色介入 Cosplay 整个生产和传播活动中。

"扮演"本身已经不再是 Cosplay 文化实践活动的核心内容，与"扮演"相关的选题、包装、炒作、营销推广等外围工作成为了重心。

北京千色境界动漫文化传播有限公司的有关介绍显示，他们的经营范围包含了影视动画、平面漫画、动漫摄影、动漫广播剧等各类作品的制作，以及动漫营销推广、动漫演艺及经纪等，已经全面涉及动画、漫画、Cosplay 等动漫产业的各个领域。他们曾经策划制作了中国第一部大型动漫商业舞台剧《网球王子》，并在北京展览馆等剧场成功上演。2007 年 ChinaJoy Cosplay 将银奖、最佳原创风格奖、最佳动作设计奖三项大奖颁发给该公司与"水翼"动漫社联合制作的"杨家将"系列原创动漫舞台剧第一作《吼天喝月》，当年的第二作《碧血丹心》获北京"金面具"Cosplay 大赛武侠组一等奖；第三作《风云再起(初版)》和前"两作"均受邀参加了 2009 年第二届中国国际动漫创意产业交易会"Cosplay 十强争霸赛"并获殊荣。

COS 作品《杨家将之吼天喝月》。动漫公司加入 COS 制作过程，为 COS 的生产与发表涂上营销推广的色彩。

"千色境界"还通过跨界合作的方法，将 Cosplay 从网络发布作品引领至公开的印刷出版，可谓拓展了 Cosplay 产业化的新领域。2011 年，他们与北京磨铁图书联手邀约黄山、河童、小小白、小梦、七雪、紫堂宿、美歪、席珍、押切、岚陵萧萧声、天水三千、MILUKU、十夜、面条、久任、丁伦、扶苏、文音、十二靥、尘也等近百位顶级 Coser，完美演绎了《薄樱鬼》《无头骑士异闻录》《死神》《古剑奇谭》《盗墓笔记》等各种耳熟能详的动漫作品及文学作品，并以图片形式汇集这些 COS 作品——《清澄之约 2011：顶级 Cosplay 全年盛典（钻石珍藏版）》，该合集由“国风”、“欧风”、“日风”三个风格的作品展示部分和“光墨之影”一个活动掠影部分组成，被誉为“是一本真正意义上的 Cosplay 合集”。

《漫友》杂志是著名国内原创漫画展示平台，是“中国十大最具原创精神的期刊品牌”中唯一入选的动漫类期刊的主办单位。杂志社旗下不仅有三大主力产品——《漫友》《新蕾》《漫画世界》，而且吸引了众多优秀的原创画家加盟。《漫友·动画100》、《漫友·漫画 100》分别介绍动画、漫画作品的最新动态和作品，《漫友·可爱 100》主要刊登面向少女的原创漫画，《漫友·少年 S》则刊登面向少年的漫画原创作品。《新蕾》的定位是“新生态文画志”，发表原创小说加原创插图。德珍、阮筠庭、林莹、SHEL、原创团队“夏天岛工作室”的姚非拉、落落、抽屉、《长安幻夜》的作者面堂兄、《长安幻夜》的漫画版作者韩露、《悟空传》《九州》的作者今何在等大批原创画家、写手都在这本刊物上发表过自己的作品。凭借这些原创力量，《漫友》旗下的“漫友文化公司”在 Cosplay 项目上屡次大展拳脚，使得 Cosplay 如同有本之木、有源之水一般，汩汩流动。漫友文化公司还利用自己特殊的地位，不断发掘原创的热门作品，比如他们曾邀请国内十多位著名的 Coser 联袂演出《长安幻夜》，Coser 十夜被推举为《长安幻夜》的官方代言人，并在各大赛事获得各种荣誉：2008年和 2009 年连续两届获得金龙奖 Cosplay 全国大赛的金奖和银奖，2009 年获第五届中国国际漫画节 Cosplay 盛典团体金奖；2010 年在一向和原创题材绝缘的“2010 ChinaJoy Cosplay 嘉年华"中也破天荒地获奖。这些都是不断对《长安幻夜》深耕带来的效应。在此基础上，漫友文化公司再接再厉，推出了荟萃《长安幻夜》最优秀 Cosplay 摄影作品的画册《吞镜》，给这部作品做了锦上添花的诠释。

动漫公司、出版机构等经营性公司的介入，促使 Cosplay 迅捷地走上了文化产业化的道路。除 Cosplay 作品的经营之外，围绕在其周边的一系列服务也逐渐由业余爱好发展成为产业链上的组成部分。这其中专业 COS 摄影就是重要的一项。不仅一些影楼瞄准这个庞大的市场，适时地增加了 Cosplay 摄影项目，甚至还出现了专职的 COS 摄影师。"魔导士"就是其中比较出名的一位 COS 摄影师，他从 2007 年起就专职为 Cosplay 作品摄影，2009 年开办 Cosplay 摄影展，是国内首位开办过个人摄影展的摄影师。如今他是 C3 动漫网的主编，多次承担 COS 活动摄影、评委等任务。

动漫公司、出版机构等经营性公司的介入，促使 Cosplay 迅捷地走上了文化产业化的道路。

比摄影涉及范围更广的市场是服装和道具的制作公司和工作室。每一个城市中，在一群群 Coser 身边都有一个或几人著名的服装设计者存在。在北京，罗晓华的"想象力工作室"就集聚了一群热衷于 Cosplay 的族群，他们有的是大中学生，有的是公司白领，或为"私影"，或为参赛，他们拿着自己准备好 COS 的人物图片找到她的工作室，请她为他们缝制霓裳羽衣。罗晓华从一个乡村女孩子因从事 COS 服饰缝制而成名后，现在固定的订制客户多达 2000 人，每月来自国内外的订单突破 200 件，工作室由最初她自己一个人发展到了 8 个人，每位客户花在 Cosplay 服装上的价格少者几百，多则几千，其中有位在公司上班的女熟客，已经花费了十多万元制作 Cosplay 服饰，不仅用来演出，还用来收藏。[1]

〔1〕 Cosplay 族的裁缝师：把手工制作坚持到底．北京晚报，2010－09－06．

跟风、砸钱、混脸熟，商演以及欺压、黑幕等不光彩的行为引发了Cosplay领域关于“什么是Cosplay，为什么而Cosplay”的旷日持久的讨论以及对于圈内“整风”的呼唤。

必须正视的是，经营性公司介入Cosplay文化实践活动，他们瞄准的往往是有一定知名度的Coser和实力雄厚的大型动漫社团，对那些中小型社团所产生的作用最主要的是心理冲击和商业化浸润，让社团参与商业活动合法化，也促使一些Coser卷入到追名逐利的漩涡中。跟风、砸钱、混脸熟，商演以及欺压、黑幕等不光彩的行为引发了Cosplay领域关于“什么是Cosplay，为什么而Cosplay”的旷日持久的讨论以及对于圈内“整风”的呼唤。自由Coser、社团组织、经营性公司这三类Cosplay文化中的生产力量，在互相纠缠前行的道路上，最终谁能主宰Cosplay的发展方向，谁能决定Cosplay文化实践的意义，将取决于他们在Cosplay文化场域所能获得的资本。

文化资本积聚的方式与路径

Cosplay是由动漫爱好者形成的圈子，参与者认同这个圈子，参与这个圈子的活动，于是构成了一个又一个有着自身特征的场域。在这些传统场域中，Coser是主角。但是，随着Cosplay日趋商业化，新的场域渐成气候，那就是“动漫现场”，在这里，Coser表面上依然是主角，但左右他们的力量才是真正的主角。权力的移交和接替是如何发生的？要分析这一点，就不得不关注自由Coser、社团组织、经营性公司间对Cosplay文化实践活动相差甚远的认知，他们所拥有的严重厚薄不均的资源，以及由此造成的社会学家布尔迪厄所说的文化资本、经济资本以及社会资本的巨大的反差以及由此带来的权力差异。

文化资本理论是布尔迪厄在《资本的形式》中第一次提出的概念，最初只是想证明出身不同阶级的孩子在学术市场上所能获得的特殊利益与阶级之间的资本分布状态相对应，后来这一理论被广泛用于许多领域。布尔迪厄将资本分为三种类型，其中社会资本和文化资本合称为象征资本，在一定条件下，他们可以转换成第三种类型，即经济资本。Cosplay 是由年轻人参与的亚文化实践活动，在这个场域中，文化资本的积聚是首当其冲的。

布尔迪厄将文化资本进一步划分为具体的形式、客观的形式和制度的形式，它们赋予文化参与者于不同类型、不同级别、不同质地和价值的文化资本。

所谓具体的形式，布尔迪厄自己在《再生产》一书中阐述道："文化资本具体的形式即以精神或肉体持久的性情的形式存在。文化资本的积累是在具体形式中进行的，也就是说，采取了我们所谓的文化、教育、修养的形式，它预设了一个具体化和实体化的过程。"[1]结合 Cosplay 文化实践活动，我们可以把获得具体形式的文化资本作如下理解。首先，在 Coser 群体中，投入 Cosplay 活动时间的先后、长短是获取资本的一种重要途径。相对于刚刚入门的新手，那些资深的 Coser 已经投入了大量的时间，花费了无以数计的精力，掌握了令人艳羡的 COS 专业技术，并且创作了一长串的角色名单……其次，早期 Coser 的扮演都出自于对 ACG 作品的热爱，而不像眼下有些角色扮演者将影视作品和视觉系都作为 COS 摹本，因此，大多数早期 Coser 都有漫长的热爱动漫作品的过程，对动漫作品及人物如数家珍，可以说，从年幼时起一直到参与 Cosplay 活动，动漫或游戏都是他们休闲活动中不可缺少的组成部分，甚至是他们的生活方式。再次，他们活跃在 Cosplay 的线上线下，凭借对这个场域和 COS 活动的熟谙，往往充当意见领袖的角色。这就积累起来一种必须经由个人努力才能得以体现，无法由其他人代理执行，也不可不加任何修改就可以完整转移或赠送给他人的文化资本。

在 Coser 群体中，投入 Cosplay 活动时间的先后、长短是获取资本的一种重要途径。

〔1〕 布尔迪厄，帕斯隆．再生产．邢克超，译．北京：商务印书馆，2004：21.

Coser 的时间、精力、金钱的持续投入，他们对于 Cosplay 的认知、理解、趣味、技能等，慢慢累积了属于他们个人的文化资本，这些资本无法作为礼品馈赠或作为商品出售。因此，文化资本是一种真正意义上的私有财产，是他人无法强行剥夺的内部财富，同时，“正如劳动可以转换成一种物质财富那样，时间同样也可以积累文化资本，可以使文化资本具体化”[1]。那么，如同任何物质财富一样，以时间换来的文化资本也可以获得相当的回报，可以是金钱的或社会地位等物质性的回报，也可以是他人的尊敬或好评等象征性的回报。

Coser 河童被誉为“COS 文化的行吟诗人”，他从事 COS 活动超过 10 年，扮演过几十位动漫角色，他对摹本的选择、道具服装的制作、选景拍摄、后期制作都很讲究，并且逐渐形成了属于自己的表现风格，COS 界对他的评论是：“首位能参与多元化角色的扮演者，也是将自创诗词和真实影像结合其中的 Coser，强调文学意境和意识流的具象化，无论清新风格或者华丽风格都能极致演绎。”另一位著名 Coser 黄山有着与河童相似的经历，他自幼酷爱动漫，2002 年开始投身 Cosplay 圈，是国内 Cosplay 文化实践活动的开拓者之一，他创作的 COS 作品不仅数量多，内容丰富，而且勇于尝试突破各种风格的作品和美学。他还通过自己对中国动漫圈的了解与实践经验，总结出“角色再创造”、“Cosplay 反作用于中国动漫产业链”等概念，并身体力行，将这些理念融入 Cosplay 创作中，取得了引人瞩目的成绩。在 COS 圈内人看来，黄山的 Cosplay 作品通常是与品质优越、专业性强画等号的。作为 Coser，他们两人已积累了丰厚的个人文化资本。

---

〔1〕 朱伟钰. 超越社会决定论——布尔迪厄资本概念再考. 社会学研究，2004(5)，12.

社团组织和经营性公司也情同此理，成立时间的长短、组建者的身份地位、所累积的 Cosplay 作品等这些具有不可替代性的因素构建了它们各自的文化资本。

具体形态的文化资本是弥散的，潜隐的，不为人特别关注的，它必须借助物质化的形态表现出来，才能更确切地呈现自己，这物化的形态就是布尔迪厄所说的“客观的形式”。比如，一个从事 COS 十年的 Coser，如果没有累积起有一定数量和质量的 Cosplay 作品，那这十年漫长的时间就无法转换成文化资本。因此，对 Cosplay 文化实践活动的生产者来说，最大“客观的形式”的文化资本是 Cosplay 作品。拥有属于自己的 COS 作品，就拥有文化资本。一般认为，由于客观形式的文化资本是一种物化资本，所以人们往往认为只要有足够的金钱就可立刻得到它们。其实，这是一种片面的看法，任何事物如果要成为一种文化资本发挥作用，它必须或多或少具备一些具体化文化资本的特征。比如，社团或经营性公司意欲花钱引进某位个人文化资本富足的 Coser，但如果该社团和经营性公司自身并不具备任何文化资本，也很难获得 Coser 青睐，这类似于明星球员的转会。

拥有属于自己的 COS 作品，就拥有文化资本。

作为客观的文化资本，Cosplay 作品还会以多种多样的物质形式表达出来。当下 Cosplay 作品的展示，不仅有零散的个人作品，还有更多的社团组织合作的作品。经过时间的淬炼，Coser 发布的作品显现出越来越精细化、专业化的发展趋势，优秀作品层出不穷。诸如河童、黄山这样拥有较高文化资本者，在发布作品时通常具有连贯性，也会在这一次的展示中预告下次将要扮演的内容。他们还会选择一些有纪念意义的日子，对自己的 COS 生涯进行回顾展览，畅谈自己从事 COS 的心路历程。

【一超尘2周年COS特辑一】

～某尘要暂时隐退了～～泪水汤汤的我来总结了～[1]

步入COS世界两年多了，过得真的很快，很快乐～

刚加入时的我对COS其实并不怎么了解，只是凭着对漫画的热爱加入的……呵呵现在想想真的觉得很神奇，自己现在居然对COS这么痴狂，已经呈发颠状态＝　＝|||||卡麦莱的各位亲真的对我很好呢，要不是你们，我现在还不知在哪蹲着呢一　一||||||啊哈哈哈……

某尘我接下来的一年里要认真啃书了一　一||||||万恶的高考啊啊啊啊啊……所以COS要先放一放了TATATATTATA——真的很不舍得……（主帖内容有省略）

跟帖内容：

1. ＝皿＝ 完了？我可是一直刷新看着来着C都不敢C 沙发没了 TVT

2. 美人啊……已经度过高三的飘……加油啊～

3. 于是先膜拜超爷，为嘛一个个都要隐退啊ORZ，大家为嘛都是同一批高考啊（众：你又是从哪里冒出来的啊！）然后祝超爷复习成功考试顺利，早日逃脱中—国—教—育的魔爪，呜呜

4. 很认真的尘尘啊～……等你高考完期待你更多的作品啊！（跟帖有省略）

一部分Coser除了以ACG作品为摹本进行角色扮演外，还致力于原创文本和原创COS的生产。其中优秀的原创作品可以独立成册通过出版社出版发行，成为由Cosplay衍生的另一

优秀的原创作品可以独立成册通过出版社出版发行，成为由Cosplay衍生的另一种文化资本。

[1] Cosplay百度贴吧.http://tieba.baidu.com/f? kz=593272400.

种文化资本。《黑礼帽中的童话——少年与玫瑰》是 Coser 黄山与漫画家阿梗磨合的成果。2007 年，黄山为小说家抽屉的作品《比爱更喧嚣》塑造出“狄多玛索”的形象。而《画夜》及其 COS 作品则是黄山与著名画家阮筠庭的合作成果。《画夜》的意义在于，它打破了 Cosplay 只为动漫文化附属品、自娱自乐的局限，将其带入一个和原创作品相结合、以 COS 来扩大作品影响力的新境地。2009 年黄山参与抽屉的小说《隐姿梦咄》的人物设计，和作者一起将这部小说立体化和影像化，“阮瞻”、“嵇绍”、“司马懿”这些性格各异的古典人物从纸间跃入眼帘。

Cosplay 群体中的优秀作品也常被集结成册出版，比如，小小白曾出版个人集《洛幕》《白》《福》；黄山出版的个人集有《浮岚》《溯时》，前者出版于 2008 年，是全球第一本个人 Cosplay 作品集。小梦出版的个人集为《浮生若梦》。这些个人作品集的出版记录了 Coser 的个人经历，展示了他们的优秀作品，在累积他们个人文化资本方面有着重要的作用。

有些漫画杂志也出了关于 Cosplay 的画册，并根据不同的风格做成定期的出版物。《漫友 · Cosplay100》就是一个典型的例子，它是《漫友》杂志的增刊。从 2005 年开始，《漫友》杂志就增设了《Cosplay100》豪华 COS 特辑，将诸多优秀作品集结成册，并每期以一种风格作为主打内容。比如第一辑《Cosplay》，第

Coser 黄山演绎《隐姿梦咄》。《隐姿梦咄》讲的是“竹林七贤”中的嵇康与阮咸之子——嵇绍、阮瞻两位美少年携手揭开一幕幕奇异事件真相的故事。

二辑《王者之约》，第三辑《巴洛克与洛丽塔》，第四辑《片翼幻想》，第五辑《少年孵化之声》。这套书在国内和日本都大受好评，书中除了展示精美的COS作品、介绍优秀的Coser及与他们的访谈之外，还会全程记录一些有影响力的大赛和参赛者的风采等。

除了图片和文字作品外，Cosplay的服装与道具也是重要的文化产品。

除了图片和文字作品外，Cosplay的服装与道具也是重要的文化产品。由于Cosplay对服装和道具制作的要求极其严格，既要求外观上与动漫摹本无二致，又要求灌注制作者对服装的理解，因此，经由Cosplay文化实践，诸如洛丽塔、哥特、朋克等元素被青少年普遍认知和接受，最终融入他们的日常服饰文化中。

与具体化的形式和客观化的形式息息相关的是体制化的形式。文化体制化的形式就是将文化产品以权威的方式加以鉴定和认同，被表征为“资格证书”。布尔迪厄在谈论教育问题时指出：“学术资格和文化能力的证书的作用是很大的，他给了拥有者一种文化的、约定俗成的、长期不变的、得到合法保障的价值。我们可以这样说，正是社会炼金术生产了这种文化资本，这种文化资本相对于其拥有者而言，甚至相对于该拥有者在一定时期内有效占有的文化资本而言，均具有一种相对的独立性。”[1]对Cosplay文化实践而言，“体制化的形式”主要体现为各类具有影响力的比赛奖项，Cosplay圈内的认可，通过媒体发布的各种“排行榜”，等等。

资深Coser被Cosplay圈内其他成员所拥趸，尊称为“大手”。

资深Coser被Cosplay圈内其他成员所拥趸，尊称为“大手”。“大手”的作品通常在论坛中被“置顶”或“加精”，作为一种保障他们文化资本合法性的形式。在公共论坛之外，对某“大手”或某风格的“迷狂者”则常常会聚集在一起，形成一个独具个

〔1〕 布尔迪厄，帕斯隆．再生产．邢克超，译．北京：商务印书馆，2004:21.

性的 Cosplay“小圈子”。而那些大群体中的成员会乐于去分享这些“小圈子”的作品，吸取他们的经验，或者以其创作高度作为自己的作品创作标准。比如“山之御座”论坛，就是成员们以 Coser 黄山及其作品为主要讨论对象而建立的论坛。而在现实生活中，拥有文化资本的“大手”常是 Cosplay 文化的代表人物，其知名度突破圈子被外界所知晓和了解，常常被邀请接受媒体采访，并且进入与动漫相关的各类节目、展会和赛事，担任主持人、嘉宾或评委等职：

Coser 小小白

2009 年中国国际动漫节 COSPLAY 比赛评委

2009 年 CHINAJOY 重庆赛区 COSPLAY 比赛评委

2010 年第六届中国国际动漫节 COSPLAY 超级盛典杭州初赛评委

Coser 岚陵萧萧声

2010 年 5 月，于杭州，作为第六届中国国际动漫节城市代言人之一，担任 COSPLAY 大赛嘉宾

2010 年 5 月，于昆明，担任世界 COSPLAY 峰会 WCS 昆明分赛区及金龙奖昆明赛区预选赛嘉宾评委

Coser 押切

2010 年中国国际动漫节 COSPLAY 盛典初赛评委

2010 中国国际动漫节 COSPLAY 盛典决赛评委，参加国际交流日演出

大众媒体近些年也开始关注 Cosplay 文化实践活动，有些电视台在动漫栏目中辟有 Cosplay 的版块，比如南宁电视台影视娱乐频道动漫栏目《动漫开 MIC》，栏目内容包括动漫剧场、动漫新闻、动漫 MTV 和真人 COS 秀等版块，聚焦了动漫世界的精

彩片段；捕捉了时下最新流行的动态信息；发起了互动性极强的Cosplay 真人秀活动，更是成为南宁本地各位身怀绝技的动漫发烧友大显身手的舞台[1]。一些报纸或网站在作相关报道时，喜欢用诸如"十大著名 Coser"、"中国动漫界十大最美丽Coser"、"中国玩家心中最美的 Coser"、"Cosplay 界的'蔡依林'"之类带有"资格证书"性质的言辞，在舆论上帮助 Coser 赢得文化资本。

Cosplay 文化资本不像金钱、产权以及贵族头衔那样，可以馈赠、买卖和交换，相反，它必须经过 Coser 个体的身体力行，才能获得。

由此可见，Cosplay 文化资本总是与 Coser 相关，离开Coser，就失去了它存在的场域。"文化资本的积累不能超载个别行动者及其表现能力，它随其拥有者一起衰落和消亡，因为它与个人及其生物特性有着无数种方式的联系……"所以，Cosplay 文化资本不像金钱、产权以及贵族头衔那样，可以馈赠、买卖和交换，相反，它必须经过 Coser 个体的身体力行，才能获得，"是一个具体化和实体化的过程，该过程十分漫长，而且必须由行动者身体力行，就像健壮的体格和黝黑的皮肤不能通过他人的锻炼获得一样"[2]。而客观化的文化资本即文化产品已经将文化资本和经济资本合二为一，既体现了 Cosplay 内在的文化实践和精神创造，又以可以买卖、交换的文化产品的样式出现，既具有文化符号的特性，又有文化产品的经济特性，体制化的文化资本使具有"符号特性"的 Cosplay 文化实践活动所拥有的文化资本合法化，给 Cosplay 的文化资本与经济资本、社会资本之间的特定转换颁发了"绿色通行证"。

---

〔1〕 动漫开 MIC. 百度百科. http://baike.baidu.com/view/1201046.htm.

〔2〕 包亚明. 文化资本与社会炼金术——布尔迪厄访谈录. 上海：上海人民出版社，1997：195.

资本转换：困境与希望

无论是对个人 Coser，还是社团组织，用于 Cosplay 文化实践活动的资金始终是他们所必须面对并寻求突围的主要难题。个人 Coser 如果仅仅凭满腔热情，凭节省下来的零花钱，或者凭兼职打工的微薄收入来贴补 Cosplay，而没有其他渠道的经济来源支撑的话，那就意味着他参与 Cosplay 活动的偶尔为之和持续时间的短暂。社团组织也面临同样的困境。对 Cosplay 这种需要花费大量时间和金钱的活动来说，社团虽然比个人 Coser 拥有更多经费来源，但入不敷出是一种常态。考察部分高校社团的经费来源可知，其最主要的渠道还是依赖于社团成员的支持——成员们个人的零花钱、兼职收入、销售 Coser 制作的服装和道具的收益以及少量由校方提供的活动经费。

对于维持 COS 兴趣与经费来源不足间的矛盾，Cosplay 圈内的看法并不一致。有些 Coser 认为，Cosplay 本身就是很单纯的活动，目的就是开心和玩乐。大家在一起创作出一些东西，完成一个项目，都是自愿的，没有必要为太多的事情伤脑筋。某高校动漫社团的团长圈圈告诉笔者，参加社团的成员们大多是“自费”，但大家一起努力完成一个共同的目标（Cosplay）是很开心的，这个是最重要的，钱倒还在其次。“参加社团就是为了来结交一些志同道合的朋友”，圈圈如此解释。此外，关于社团运转的资金、与他方合作的问题，她也有着自己的看法：

问：社团除了团员自己凭兴趣砸钱以外，都靠什么来维持？

答：自己的钱。钱什么的我当时没考虑过。很多人是为了体验那种团队合作完成一个项目的感觉。

问：有没有专门和一些公司合作过，或者被邀请？

答：我记得我们当时是×××卫生巾，商家想宣传青春活力，学校之间做(Cosplay)比赛，他们赞助。

问：有些社团和经营方合作，这都是短期的么？

答：我认为是，有合约的例外。

问：那么，有没有想过和商业公司合作？

答：我反正不想，不知道我后面的社长想不想。我觉得只要我们学校不倒闭，社团就不会垮，因为学校都有大一的啊。[1]

参加国内一些重大 Cosplay 赛事并争取赢得设立的奖项奖金，看上去无疑是名利双收的好事，但实际情形是，奖金名额和金额都非常少，僧多粥少，杯水车薪，对缓解社团经济紧张起不到多少作用。

问：大赛有奖金么？具体多少？

答：最高也就几千，CJ 上海多，应该有 1 万。但绝对不够分的，所以都是砸钱。我们这个赛区，(社团)就拿了 1 千。

问：那听起来是“投入多，回报少”啊。

答：其实吧，Cosplay 比赛不可能赚大钱的，因为是玩，只是觉得要做好比赛而已。

和圈圈持一样想法的 Coser 不在少数，他们更向往的是“自由”，将 Cosplay 看做是“无拘无束的爱好”，有精力财力的时候就好好玩。他们对于社团的发展壮大甚至并不关心，认为社团

---

〔1〕 2011 年 7 月笔者与圈圈的访谈.

只是大家结交朋友的场所而已，不必花费太多心思，也不需要太多的抛头露面。

但另一部分 Coser 认为，玩就要玩得认真，要付出，也要有收益，这才是长久之计。高一时创立了“@-pic”动漫社、正在读大二的 Coser 豪少认为，只有贴钱创办动漫社，才能逼迫自己认真做好每件事，而不是像学校里其他社团那样，随便玩玩。每次 COS 活动时都需要不菲的经费，豪少就设法让社团赢利——收入会费、漫展上销售动漫产品、偶尔承接小规模商演等，即使这样，对于社团来说依然是入不敷出。

不管持什么样的态度，对于一项需要大投入的文化实践活动来说，没有足够的经费投入是难以为继的。个人 Coser 如何发展，社团如何逐渐壮大，成了横亘在 Coser 和社团成员们面前的共同难题。

个人 Coser 如何发展，社团如何逐渐壮大，成了横亘在 Coser 和社团成员们面前的共同难题。

> 经费问题常常是这些 Cosplay 社团生存的第一障碍。在国内，一般的 Cosplay 社团活动经费首先来自自筹，完全出于兴趣爱好的他们自费购买道具、服装等；其次才是通过参加各种比赛、活动获得奖金或者酬金，但是无论奖金还是酬金，对于维持社团常规活动都是杯水车薪。[1]

为了自我生存和发展，无论个人 Coser 和 COS 社团愿意与否，他们都必须睁眼正视经营性公司的存在，并设法接过这些公司向他们伸来的橄榄枝。经营性公司往往也凭借着自己经济资本方面的优势比较容易地就介入到原本是自娱自乐的 Cosplay 文化实践活动场域中。

〔1〕 中国 Cosplay 现状：小众社团的快乐与忧愁．凤凰网．http：// games. ifeng. com/special/cosplay/fazhan/detail_2010_09/08/2462431_0. shtml.

Coser 豪少为了让“@-pic”动漫社一如既往地存在下去，开始考虑社团的商业化运营。他以出场费低、排练内容质量高、COS 作品精彩等为优势，赢得不少商家的青睐。如今，“@-pic”动漫社已经和几个广告公司绑定，为商场表演舞台动漫剧，10 人一队、每人每次大约能赚 200 元，至今已经接了十多场有偿的表演业务。[1]

一些自由的个人 Coser 也通过与商演携手，赚取酬劳。个人 Coser 比较辛苦，他们与商家联系要通过中介公司。“一名普通 Coser 在展台一天的收入，大约是 500～800 元不等。”但是，除去中介公司的提成之后，“拿到手上的，最低是 200 元/天，这还不包括打车至演出现场的交通费用”。在这么拮据的情况下，Coser 有时候还得操办自己的行头，“早上提前一个半小时到场化妆，全天每半个小时轮流上台摆 Pose 屹立不动”。[2] 不仅钱少，很累，受气也是家常便饭。但很多青少年很重视这样的赚钱机会，有的人还在网站上贴出自己的“广告”、“简历”：

> Cosplay 商业演出：本人 2008 年加入动漫社，有多年 Cosplay 经验。态度专业，认真。角色风格多变……曾进行多个广告性质的 Cosplay 商业演出。也曾参加多个大型漫展……
>
> 本人有不错的审美能力……曾经出过多次外景，有过多次舞台经验。有镜头感。钢琴过国家八级，可流利弹奏大量流行曲和经典曲目……[3]

---

〔1〕 90 后的 Cosplay：我们在务正业. 搜狐网络游戏. http://it.sohu.com/20080903/n259343831.shtml.

〔2〕 COS 圈潜规则开始盛行?. 华声论坛. http://bbs.voc.com.cn/topic—2427605—1—1.html.

〔3〕 101 兼职网. http://hf.1010jz.com/html/hefei/011_1271062.html.

尽管如此，Coser 的“触商”是有一些底线的，他们不可能像专业的“Showgirl”那样去做。“Showgirl”直译为“表演的女孩”，意为歌舞女郎，多指在游戏、动漫及电影等各种展会上为厂家作产品演示或表演的青年女性。一般而言，Coser 无法在外貌和形体上与专业的 Showgirl 相比，而且出现的场合也受到很多限制，并且大多数观众们未必知道他们所扮演的是什么，懂行的人少，瞧热闹的人多。“其实，商业化也不一定能保证大家的生存和发展，很多活动只是借我们带动人气，常常是让你怎么样你就得怎么样，你不愿意就走人，我们的基本权益还是得不到保障。”[1]尴尬的身份，注定了 Coser 是商场上的异类。

尴尬的身份，注定了 Coser 是商场上的异类。

与动漫公司、动漫杂志社、游戏公司合作来壮大自己的力量和知名度，听起来倒是另一个不错的主意。但这些经营性公司的资源毕竟有限，出于市场和商业的考虑，他们基本上只会选择有一定名气和实力的 COS 社团或者个人 Coser 合作。这就造成了一种悖论，因为自己拥有较丰厚的文化资本，在与经营性公司的接触过程中，就能轻易地转化为经济资本和社会资本。如同杭州“304”这样的社团，通过经营性公司的扶持，不仅社团规模越来越大，人数越来越多，而且知名度也越来越响，作品也越来越精致优秀。这些社团中能人辈出，邀约不断，成员们有着强烈的自豪感，他们也为 COS 圈中其他人所拥趸，成为领军人物。社团中的知名人物常常被视为 COS 圈的代表、国内动漫文化的优秀人才，并经常得到主流媒体的邀请和赞誉，比如杭州“304”社团的主将“押切”在国外屡次获奖之后，受国家文化部邀请，代表中国赴俄罗斯推广中国动漫游戏文化，而那些名不见经传的个人 Coser 和 Cosplay 社团，由于个人或社团所拥有的文化资

〔1〕 中国 Cosplay 现状：小众社团的快乐与忧愁. 凤凰网. http://games.ifeng.com/special/cosplay/fazhan/detail_2010_09/08/2462431_0.shtml.

本极其有限，通常也很难获得经营性公司的资助、扶持，路越走越窄。

强者愈强，在不知不觉中，知名大团通过动漫公司、动漫媒体和自身的强大推广，被越来越多的人所知晓。这些大型社团通常是各类赛事、动漫展会的座上宾，主持人或者评委，有很多人参加展会就是为了一睹他们的风采，而那些按照自己意愿、崇尚自由的或者本身实力较弱的社团以及大多数个人 Coser 则很难与之合作。风光无限的毕竟只是少数人，大多数圈内人依旧亦步亦趋地走着原路。Cosplay 对后者而言，仍然是自娱自乐或者携手同好的游戏而已。Cosplay 可以是终身爱好，但绝不可能是终身职业。

Cosplay 可以是终身爱好，但绝不可能是终身职业。

权力博弈：鹿死谁手

动漫公司、动漫媒体、游戏公司、商家，各种商业力量挟持着强大的经济资本闯入 Cosplay 的场域，以一种凌厉之势荡涤着这个场域原本所有的文化表征和意义，作为个人爱好的 Cosplay 正在缩小存在范围，作为商演的 Cosplay 却正愈演愈烈；原本自由自在的 Cosplay 正在被经营性公司的商业利益所挟持；作为青少年休闲娱乐的文化实践活动正在被动漫文化创意产业绑架，成为产业链上的一环。对此，为数不少的 Coser 和社团非常不满，觉得自己的爱好不再单纯，COS 活动向“出名”、“获利”倾斜，Cosplay 圈中乌烟瘴气，铜臭味十足。他们愤怒、抨击、怨声载道，大量的帖子把矛盾指向以下几种情况：

一是针对各种各样声称“COS”的行为，引发关于 Cosplay 本质与真谛问题的反复讨论。Coser 一再强调，Cosplay 是因为对某个角色、某个作品的热爱而产生的个人/集体扮演行动。Cosplay 是一种认真的角色扮演活动，是关于个体的“意义再生产”，一切背离这个本意的所谓 COS 都不是 Cosplay。比如，Cosplay 必须要以一个原角色为摹本，有角色才有 COS，才能“play”。那些声称自己“COS Lolita”、“COS Gothic”、“COS Punk”的行为，违反了这个基本原则，因此就不能归入 Cosplay 的范围。“自从有了 SD 娃娃以后，出现了许多娃娃 COS。SD 娃娃大多数都是 Lolita 的装扮，还有 Punk 的装扮，也许就是这个原因，误导了许多人把 Lolita 归纳为 Cosplay 的行为，这是误会。所以区分方法还是：是否有原型。”因此，在 COS 的语境中展示这种装扮的人，顶多只能算是这些服饰风格的爱好者，而不能称为 Coser，而那些走在商场中的“Showgirl”就更不能称为 Cosplay 了。

在 Coser 看来，一个优秀 COS 作品的诞生，需要 Coser 在整个过程和细节上亲力亲为，而不是依靠各种成品的堆砌。“既然做了，就要做好”，“不做则已，一做就要做最好的”。正是对角色和作品的执著，才造就了一大批优秀的作品和优秀的 Coser。而眼下的 COS 圈，有很大一部分人是抱着“凑热闹”、“好玩”、“跟风”的浮躁心态从事 COS 活动的，“花几百块钱，穿着裁缝做好的衣服，拿着流水线上批量生产的道具，戴着厂商定制好的假发，请个三流摄影师和三流化妆师出个外景，摇身一变就是×××了”，这种对角色没有爱，缺乏了解，没有内心共鸣的行为，只是“时尚消费”，是 Coser 最不屑的。

对角色没有爱，缺乏了解，没有内心共鸣的行为，只是“时尚消费”，是 Coser 最不屑的。

二是 Cosplay 活动中对“美丽”的无限追逐和崇尚。Cosplay 不是美女和帅哥的专利，每个人只要对角色有爱，对 Cosplay 态度认真，都可以参与，他们的作品都应得到尊重和鼓励，这是 Cosplay 圈一直持有的宽容态度。但在现在的 COS 论坛上，经常能看到对国内外相貌普通的 Coser 进行嘲笑的帖子，仿佛 COS 只是美人的特权。这种扭曲的审美观和价值观同样受到了其他成员不客气的批评：

国人认为Cosplay都要专业的，而且美美的，没错，登台的COS的确要做到以上两点，但不登台比赛的话，以上是根本不存在的……玩家们都是自娱自乐的……一个不上台参加比赛的Coser，我们是没有权利批评他的。

人家可能是不太好看，但是有这份勇气（发布作品）就非常可爱……

因计算机软件的普遍运用，Photoshop图像技术在COS圈中非常盛行，许多Coser用此软件技术修改和美化自己的COS作品。但技术是柄双刃剑，一方面可以使COS作品看上去至美至善，另一方面也成为偷懒的帮凶，让人懒得去了解角色，懒得去制作道具，懒得去用心出作品，在马虎匆忙中拍摄照片后，再用电脑把其他人做好的道具和背景图像“拿来”进行合成，则万事大吉了。“一些道具，自己不会做，不想请人做，完全靠电脑加上去，这对许多真正动手的Coser是非常不公平的”[1]。更有许多人，出于对自己容貌的不满，使用软件技术进行过度加工，以营造最佳的梦幻效果，但是从中却看不到Cosplay最为看重的角色灵魂，“Cosplay不是非主流，也不应是化妆品广告”[2]。

Cosplay不是非主流，也不应是化妆品广告。

社团之间频繁爆发的“战争”也与过分追捧美貌有关，“许多社团开始抢人，比较美丽的Coser常成为社团间斗争导火线”。还有一些不成熟的Coser会对那些扮演同一角色的Coser产生嫌隙之心，乃至诽谤和恶意攻击。“出风头”、“结帮派”，COS圈

〔1〕 资深Coser：不要拿什么都当Cosplay．西南动漫联盟论坛．http：//www.xnml.com.cn/bbs/redirect.php? fid=18&tid=3664&goto=nextnewset.

〔2〕 当你进入COS圈时，有些是你应该遵守的．腾讯空间．http：//sns.qzone.qq.com/cgi－bin/qzshare/cgi_qzsharegetonedetail? uin=792849082&itemid=1302675151&spaceuin=0&cginame=cgi_qzsharegetlist.

的风气渐渐地从团结友爱转向勾心斗角。广州山贼团的 Shinko 针对这种恶劣的风气在访谈中直接表示:"除了 COS 作品的素质以外,个人的人格也是很重要。每个圈子都是一个社会的缩影,人都是社会性群居动物,到处树敌,争风立异,或者到处造谣生事,挑拨离间的人,是怎样也作不出好成绩的。"

Cosplay 圈内各种争议都与经营性公司的介入有关,商业力量正在改写 Cosplay 文化实践活动的表征和意义,经营性公司的介入将 Cosplay 从原有场域带向了一个新的场域。在原有场域中,对 ACG 作品的由衷热爱是 Coser 从事 COS 活动的动机,Coser 是这个场域中的主导力量,文化资本累积则是 Cosplay 重要的意义价值。然而,在新的场域中,在由经济资本构建的场域中,Cosplay 的本真主义精神受到挑战,Coser 的权力受制于经济资本的压迫,被某种程度地消解,只有那些能顺利将文化资本转化为经济资本的 Coser 仍然掌握着主导权,而大部分的 Coser 只有两条路可供选择,一是退回"私影"状态,二是积极主动地参与到新场域——由经济资本主宰的场域——通过参与有奖比赛,被商家雇佣进行商业演出,销售相关商品等途径来维持和发展自身。这就陷入一种难以抉择的困境,一方面,对那些坚持 Cosplay 本真理念和精神的 Coser 来说,通过商业化方式来获取经济方面的补偿,那么就偏离了原有的群体,更严重的结果是强化了经营性公司对 Cosplay 群体的定义权和支配权。另一方面,全面抵制经营性公司的介入,这已经是少数 Coser 乌托邦的理想了,因为经济压力和群体分化都是摆在面前的事实。

只有那些能顺利将文化资本转化为经济资本的 Coser 仍然掌握着主导权。

由此看来,上述在 Cosplay 圈内的反复出现的争议,只不过是一种赫伯迪克所谓的"集体性想象性"解决困境的方式和"仪式性的抵抗",Cosplay 群体无力反抗和抵制这一文化实践活动的日渐商业化，而只能通过一种反复的争议达成对群体价值的重塑，强调 Coser 独一无二的价值，目的是夺回可能已经丧失了的权力。

不过，在经营性公司与 Coser 博弈的同时，不能忽视的是 Cosplay 社团在整个文化实践活动的生产、传播过程中的影响力。通常而言，独立和自由的个人 Coser，在今天的 Cosplay 活动中越来越少，他们往往固定于不同的社团，或者暂时性加入某些社团，成为某个社团的成员也就意味着他或她认同这个社团。而早期创建的 Cosplay 社团与个人 Coser 的动机相仿，主要是以兴趣结社，社团成员凭借着对 ACG 的热爱走到一起，漫画、衍生的创作和 Cosplay 一样是他们最主要的兴趣活动。随着社团的发展，他们一方面通过扩大规模，创作高质量的 COS 作品，参加比赛获奖，出版 COS 作品等方式，累积社团的文化资本；另一方面，不断拓展 Cosplay 周边的文化产品，比如成立音乐制作小组、同人剧小组、Cosplay 剧等。一些资深的 Coser 甚至成立自己的创作团队，比如有国内 Cosplay 界“皇帝”之称的黄山成立了“御座工作室”，集合了一批有才华的青年人，从事与动漫、COS、原创相关的各种出版物的工作，《浮岚》《溯时》《隐姿梦咄》都是他们的代表作品。COS 圈内另一个著名的社团“黑天工作室”，是由华南农业大学艺术学院的学生们组成的，它既是国内知名的文化创意团队，也是 COS 圈内鼎鼎有名的队伍，它们的代表作品是《盗墓笔记》及相关的同人作品，无论是还原度极高、画面极其精致的 COS，还是同人音乐谱写制作，影像化的演绎以及同人志策划，都引人瞩目。事实上，Cosplay 群体中，像“御座工作室”和“黑天工作室”这样具有实力的综合社团越来越多，影响也如日中天。

这些起源于动漫和 COS 传统场域中的社团，在怀抱理想主义情怀的 Coser 看来，他们在新场域中既拥有自己的发展空间，能将 Cosplay 发扬光大，又继承了 Cosplay 的本真精神，值得信赖，Coser 对这类社团抱有极高的认同和希望。

与此同时，由于 COS 新场域是由经济资本构筑的一块飞地，握有经济资本的经营性公司是新场域中的主宰者，但是，这些公司未必有足够的文化资本。他们通常的做法，一是借助政府相关部门的头衔和平台，所谓“扯虎皮作大旗”。从大型动漫的网站宣传资料中可以看到，一般主办单位有三类机构：国家和地方政府机构，广电局，共青团团委。经营性的公司通常以承办或协办的名义出现，有大型网络游戏公司、与动漫相关产业的公司、传媒集团、大型网站等。主办方的级别决定了动漫展的地位，但是很难与 Coser 形成互相信赖的关系。可以说，对于由政府主办、商业公司承办的商展，动漫爱好者和 Coser 已经抱有普遍的怀疑和反商业化倾向。另外一种通常的做法是，只为 Cosplay 提供舞台、场地等设施，而很少有签约的劳务关系，一般 Coser 都是通过动漫展的宣传自愿前去报名参加的。这就带来了一个矛盾，作为 Coser，他们的目的是展示自己的作品，希望得到观看者的喜欢和理解。另一方面，公司的目的是赢利，他们会动用各种手段招揽观众，出售商品，有的甚至将动漫展当做旅游节来办理，也就是说，无论是观者还是销售的商品都与动漫和 Cosplay 无关。在这样的场域，很少有 Coser 感觉到自己被别人理解，得到别人尊重，他们感受更多的是被人误解，被人利用。

握有经济资本的经营性公司是新场域中的主宰者，但是，这些公司未必有足够的文化资本。

Coser 的对经营性公司的质疑还波及了诸如漫展和赛事的组织、过程管理、评奖体制和操作、利益分配等方面。比如，对参赛 Coser 和团队缺乏严格的遴选，致使比赛舞台缺乏亮点，拿奖的都是千篇一律的题材，大家仿佛只看到 Cosplay 文化的一小个点，接着就一窝蜂去模仿。年幼的 Coser 根本不重视角色扮演中的“艺术含量”，只喜欢通过服饰进行浮夸式的炫耀。而内容方面，暴露的服装、混乱的打斗场面比比皆是，低俗、颓废、黑暗成了主旋律。“除了极少数真正凭自己的实力和对角色的热爱打拼出来的 Coser 之外，其余的在舞台上就是一片混乱，无聊的打斗戏和脑残恶搞……抢眼球抢风头无形中变成了 COS 比赛的潜规则，也使得舞台上的东西越来越单调，无法引起台下真正 ACG 爱好者的共鸣。”[1]

一些大赛的赞助方就是承办方，既当运动员又当裁判员。

经营性公司在大型赛事中的行为显然更没法让 Coser 产生信任。一些大赛的赞助方就是承办方，既当运动员又当裁判员。甚至可以这样认为，他们之所以赞助或承担大型动漫文化展，目的就是借机哄抬自己参加制作的 COS 作品或者公司致力于包装和推广的 Coser。因此，历年来，各大赛事中获奖的总是那些熟悉的机构和知名的 Coser。评价标准的匮乏，裁判的非专业化，使新场域中的各方面处在高度紧张的关系状态中。

> 而对于完全不了解 ACG 文化的投资方，不管你台上是啥，只要够热闹够“大气”（这个大气的定义还要看他们咋决定），能吸引多些人买票来看就是了。直接后果就是……在商业炒作之下 Cosplay 比赛开始变了味，很难再找回当年舞台上那种纯粹为 COS 而 COS 的感觉了。

> 您们又是凭借什么来打分的？如果连自己都不知道站在台上的 Coser 出的是什么，那你们拿什么来评判像不像……很多评委并不知道台上 Coser 出的是什么，闻所

[1] Cosplay 活动模式转变，是好？是坏?. 搜狐动漫. http://dm.sohu.com/20070719/n251142579.shtml.

未闻。[1]

不仅是主办方、承办方和评委不能令人信服，甚至一些大型漫展中的工作人员的态度也非常恶劣，他们随意驱赶 Coser，限制他们的活动范围和时间，还盗用 Coser 的作品，挪作他用。这一切让 Coser 不得不与之进行艰难的交涉，最后往往升级为 Coser 被辱骂，或者无疾而终。

"乱！"一位 Coser 用这个词评价这几年的 Cosplay 大赛，并进一步总结道：参赛的队伍之间互相排挤、攀比和妒忌；一些参赛人员对 COS 极不认真，只为名利没有真心；各种不相关人士混迹于会场毫无秩序；主办方只顾举办、只为炒热赛事，而并不提高自身的组织水平；无原则拉票、"走后门"现象颇为严重。

"乱！"一位 Coser 用这个词评价这几年的 Cosplay 大赛。

显然，在新场域中，Coser 和经营性公司俨然已经形成了你不信任我、我怀疑你，但又是你离不开我、我离不开你的一种僵局关系。没有经营性公司建构的新场域，Cosplay 就失去了展示自我和作品的重要公共空间，失去支撑 COS 继续壮大发展的经济来源；在新的消费群体并未形成之前，经营性公司也离不开大量 Coser 和 Cosplay 活动，大型动漫展必须依靠动漫爱好者和 Coser 参与到展会中"撑场面"。一方面，如何既能参加商演商展，又能保证 Coser 的利益和尊严，保证 Cosplay 文化实践活动不变味？另一方面，如何又能召集 Coser 和动漫爱好者，争取他们的信任和理解？双方都将目光瞄准了 Cosplay 社团，一些在 Cosplay 领域享有盛誉或在某个区域具有"领头羊"角色地位的社团便成为了双方都能信任的"代理人"。

一些在 Cosplay 领域享有盛誉或在某个区域具有"领头羊"角色地位的社团便成为了双方都能信任的"代理人"。

[1] COS 比赛的黑幕. 腾讯空间. http://sns.qzone.qq.com/cgi-bin/qzshare/cgi_qzshareget_onedetail? uin = 1223961639 & itemid = 1302333252 & spaceuin = 0 & cginame=cgi_qzsharegetlist.

能在新场域中脱颖而出的社团，不仅需要有丰厚的文化资本，往往也需要有一定的经济资本。通常，举办一个大型动漫时，承办方会通过各方面的人际关系网络联系各类相关社团参与活动或充当观众，而能顺利召集到很多人手的往往是那些已经形成一定规模的社团，他们自己拥有固定或临时的 Coser 群体，许多籍籍无名的 Coser 非常愿意依附于这样的社团，因此，在经济上和社会关系上他们已经占有了一定的优势。也正因为此，他们会率先进入主办方或承办方的视野。对于社团来说，通过参与组织动漫展的活动，既可以广泛联系著名 Coser 和各类有特色的 COS 社团，广结人缘，又可以从经营性公司那里获取报酬，为社团的进一步发展打下基础，一举多得。但是这种带有垄断性的结构带来的后果是，经济资本和文化资本处于一种胶着状态，强者将更强，弱者将更弱。那些原本就拥有一定文化资本和经济资本的社团，在参与组织大型动漫展之后，会获得更多的资本，影响力得到扩大的同时，社团的经济来源也有所保障，而那些名不见经传的个人 Coser 和中小型社团除非机缘巧合，与大社团发生关联，不然，他们的生存状况将难以改变。

经济资本和文化资本处于一种胶着状态，强者将更强，弱者将更弱。

主要参考文献

1. 中文书籍

陶东风.亚文化读本[M].北京:北京大学出版社,2011.

陶东风.粉丝文化读本[M].北京:北京大学出版社,2009.

陈璐.反抗之死——一项关于Cosplay亚文化群体秩序变迁的考察[D].北京大学社会学专业硕士论文,2007.

[荷]约翰·赫伊津哈.游戏的人:文化中游戏成分的研究[M].何道宽,译.广州:花城出版社,2007.

[德]席勒.美育书简[M].徐恒醇,译.北京:中国文联出版公司,1984.

[英]安东尼·吉登斯.现代与自我认同[M].赵旭东,方文,译.上海:上海三联书店,1998.

[加]迈克尔·布雷克.越轨青年文化比较[M].岳西宽,译.北京:北京理工大学出版社,1989.

[美]哈罗德·伊罗生.群氓之族:群体认同与政治变迁[M].邓伯宸,译.桂林:广西师范大学出版社,2008.

[美]迪克·赫伯迪格.亚文化:风格的意义[M].陆道夫,胡疆锋,译.北京:北京大学出版社,2009.

[英]霍尔等.荣格心理学入门[M].冯川,译.上海:上海三联书店,1987.

汪民安.文化研究关键词[M].南京:江苏人民出版社,2007.

[法] 波伏娃. 第二性[M]. 陶铁柱,译,北京:中国书籍出版社,1998.

[美] 约翰・菲斯克. 理解大众文化[M]. 王晓珏,宋伟杰,译. 北京:中央编译出版社,2006.

[美] 朱迪斯・巴特勒. 性别麻烦:女性主义与身份的颠覆[M]. 宋素凤,译. 上海:上海三联书店,2010.

[法] 布尔迪厄. 再生产[M]. 邢克超,译. 北京:商务印书馆,2004.

包亚明. 文化资本与社会炼金术——布尔迪厄访谈录[M]. 上海:上海人民出版社,1997.

漫友・COSPLAY100 Ⅳ 片翼幻想[M]. 哈尔滨:黑龙江美术出版社,2006.

2. 报纸期刊

蔡平. 中国动漫不好玩[N]. 中国青年报,2004-09-01.

全球播放动漫 60%来自日本中国离动漫强国还有多远[N]. 文汇报,2009-05-08.

七高校动漫社团 Cosplay 晚会秀才华[N]. 新快报,2011-04-18.

Cosplay 族的裁缝师[N]. 北京晚报,2010-09-06.

薛林. 南京两男青年穿日本和服挎东洋刀太过招摇惹众怒[N]. 现代快报,2005-10-04.

季中扬. 论"文化研究"领域的认同概念[J]. 求索,2010(5).

朱伟珏. 超越社会决定论——布尔迪厄资本概念再考[J]. 社会学研究,2004(5).

3. 外文书籍

Michel Maffesoli. *The Time of the Tribes*. Sage

Publications Ltd; 1 edition, 1996.

Jacques Derrida. *Positions*. Translated by Alan Bass, University of Chicago Press, 1981.

Stuart Hall & Paul de Gey, eds., *Questions of Cultural Identity*. London: Sage Publication, 1996.

Sandra L. Bem. *Probing the Promise of Androgyny*. By Alexandra G. Kaplan, Joan P. Bean, *Beyond Sex-Role Stereotypes: Reading Toward a Psychology of Androgyny*. Boston: Little, Brown, 1976.

Bohan, J. S. *Regarding Gender: Essentialism, Constructionism, and Feminist Psychology*. New York: Routledge, 1997.

Kacen, J. J. *Girrrl power and boyyy nature: The past, present, and paradisal future of consumer gender identity*. Marketing Intelligence & Planning, 2000.

图片索引

1. 第8页，特摄剧《月光假面》剧照，“奥特曼中国联盟”网站(http://www.ultramanclub.com/2006-10/2006102780519.htm)。

2. 第10页，日本动漫展会上的“看板娘”，“电玩巴士”网(http://nds.tgbus.com/yj/201008/20100818151947_4.shtml)。

3. 第13页，香港动漫展会，搜狐动漫(http://comic.chinaren.com/20060614/n243730764.shtml)。

4. 第15页，日本著名Coser樱庭时央，九渡论坛(http://bbs.9degree.com/dispbbs.asp?boardid=116&id=422835)。

5. 第17页，ChinaJoy Cosplay嘉年华，ChinaJoy Cosplay官方网站(http://2011.chinajoy.net/HD_ChinaJoyCosplay.aspx)。

6. 第31页，Coser年龄调查帖。“Cosplay王国”网站(http://www.cosplayzone.net/bbs/viewthread.php?tid=25691&extra=&highlight=%C4%EA%C1%E4&page=1)。

7. 第32页，Coser十夜。

8. 第36页，动漫作品《花仙子》，百度图片词条“花仙子”。

9. 第38页，日本动漫作品《最游记》，百度图片词条“西游记”和“最游记”。

10. 第39页，宝冢歌剧团《凡尔赛玫瑰》剧照，日本风向网(http://www.jpvane.com/article_detail.aspx?id=1183)。

11. 第56页，日本视觉系乐队，百度图片词条“视觉系”。

12．第 57 页，《秦时明月》海报，百度图片词条“秦时明月”。

13．第 61 页，《长安幻夜》COS 作品，百度图片词条“长安幻夜”。

14．第 75 页，国外 COSER(http：//www.it.com.cn)。

15．第 83 页，爱美的小女孩，妈妈网(http：//buy.mama.cn/baixiu/art/20111014/82583.html)。

16．第 102 页，动漫作品《火影忍者》，百度百科词条“火影忍者”。

17．第 113 页，虚拟人物“杀生丸”，百度图片词条“杀生丸”。

18．第 119 页，动漫《海贼王》中的路飞。

19．第 124 页，虎蛟，百度“COSPLAY”贴吧(http：//tieba.baidu.com/P/P41118055？pn＝1)。

20．第 134 页，女扮男装的 Coser，百度图片 词条“Coser Arashi”。

21．第 140 页，朽木白哉，燕赵都市网动漫频道(http：//comic.czolgame.com.cn/newfiles/20100427/20100427102923_5.html)。

22．第 141 页，安碧城，百度图片 词条“安碧城”。

23．第 142 页，D 伯爵，百度图片 词条“D 伯爵”，天狼图片来自“天狼博客 www.tlcos.cn”。

24．第 148 页，洛丽塔少女，百度图片词条“下妻物语”。

25．第 149 页，Lolita 的类型，百度百科词条“lolita”。

26．第 150 页，男扮女装的动漫角色，金黔网(http：//it.gog.com.cn/system/2007/06/04/010062661_04.shtml)。

27．第 162 页，世纪诺亚社团，太平洋游戏网。

28．第 164 页，大型 COS 作品《圣魔之血》，太平洋游戏网。

29．第 167 页，杭州“304”社团，中青网。

30. 第 169 页,COS 作品《杨家将之吼天喝月》,开封校园网(http://www.0378xy.com/fangtan/347.html)。

31. 第 177 页,黄山演绎《隐姿梦咄》,腾讯动漫“秀色”第 2 期。

中国 Cosplay 十年大事记

8 月，成功举办了第一届 Cosplay 大赛。 2000 年

台湾华义公司凭借其在网络游戏上的巨大影响力，打着旗下主力产品《石器时代》的名号开办了“2001 年石器最佳 Cosplay 大赛”。 2001 年

8 月，5 个热爱 COS 的女孩创立了杭州“304”动漫社团。

7 月，“304”动漫社团与杭州首家漫画茶吧合作，举办了一次为期两天的 Cosplay 活动。 2002 年

11 月，“MAGIC”与“异人馆”正式合并到了一起，更名为“世纪诺亚”。这是一个集合了实力画手和组织人才的新兴社团，立志于光大动漫文化并使其能渗透到各个角落。

4 月，“YACA”动漫协会创立，孕育了中国华南地区第一个 Cosplay 舞台。此协会是广州第一个在政府注册的合法民间动漫组织，由广大动漫爱好者组成，是中国首个荣获联合国教科文组织授权认可的民间组织。 2003 年

10 月，日本人气 Coser 樱庭时央发起中国内地之旅，引起国内外的高度关切和热烈讨论。

12 月，“世纪诺亚”社团应《重庆青年报》的邀请，联合举办了“圣诞狂欢 · 现场”活动，给重庆的青年人用 Cosplay 的

方式过了一次圣诞节。

2004 年　1 月，在北京展览馆，ChinaJoy(中国国际数码互动娱乐展览会)举办了首届“Cosplay 嘉年华”活动。

3 月，“西部红色动漫联盟”成立，“世纪诺亚”作为创始社及理事社身份加入。

7 月，17173 游戏网举办了第一届“游戏动漫 Cosplay”嘉年华。

9 月，Cosplay 联盟“白日公馆”成立。

2005 年　1 月 1 日元旦，湖南省长沙市举办了“2005 年长沙新春动漫游戏嘉年华 Cosplay”。这是湖南省长沙市第一次举办大型 Cosplay 活动，在湖南省开创了先河。

1 月 9 日，重庆电视台的《记录重庆》栏目，专程为“世纪诺亚”社团制作特辑。

5 月，《漫友》杂志策划出版《漫友 Cosplay100》第一辑。

6 月，首届“中国国际动漫节”在杭州举办，推出了中国国际动漫产业博览会、中国国际动漫产业高峰论坛、CGCN2005 数字媒体艺术高层论坛、经典动画影视周、卡通形象巡游、原创动漫大赛、动漫 Cosplay 嘉年华等十多项活动。

6 月，《电漫》杂志社、2005ChinaJoy 组委会，联合启动了国内第一个公益主题的 Cosplay 比赛——《电漫》Cosplay 公益明星总动员暨 2005ChinaJoy 角色扮演嘉年华北京预选赛。此比赛的获奖选手将会获得“希望工程”公益明星称号，并能全程免费赴上海参加 2005ChinaJoy 角色扮演嘉年华总决赛，角逐 ChinaJoy 组委会开出的超万元大奖。广州动漫社团“美意识联萌”(“Artistic Sprouts 美・萌”)成立，并于当年 7 月夺得 China Joy 全国 Cosplay 总决赛广东赛区第一名。

2006 年

2 月，第二届中国国际动漫节在杭州举办。此次动漫节重头节目“中国 COSPLAY 超级盛典”首次与世界 COSPLAY 峰会(WCS)合作。“盛典”获奖者经选拔进入“WCS”，参加世界级角逐。

10 月，共青团中央、全国青联、中共宁波市委、宁波市人民政府在浙江省宁波市联合举办“青春中华”——第三届中国青年服装时尚周，“互联星空”2006 中国青年原创 Cosplay 表演大赛则是其主体活动项目。

2007 年

3 月，第一期《COSER 盛典》杂志出版。这是中国内地第一本以 Cosplay 为内容的专业数码娱乐杂志。

7 月，“304”社团的作品《侍魂》参加世界 COSPLAY 峰会(WCS)大赛，获得团体组第一名。其中的三名成员代表中国出征日本总决赛。

2008 年

1 月，人气 Coser 黄山出版了个人 COS 写真，也是国内首本个人 COS 作品集——《浮岚》。

6 月，ChinaJoy 组委会特开设 ChinaJoy Cosplay DV 大赛。此形式赛事的开办是弥补一直以来 ChinaJoy Cosplay 系列赛事在视频方面的空白，同时也让所有 Coser 参与比赛的方式更加多元化。D. S 剧团、忠义堂等社团分别荣获不同奖项。

7 月，代表中国出征日本“世界 Cosplay 峰会”，“天国之门”动漫社团的成员地狱蝴蝶丸和四月紫之戊获得“准优胜奖”(银奖)。

9 月，Coser 小小白的“奥运福娃”原创 Cosplay，引起

Cosplay 界轰动。

2009 年　2 月，ChinaJoy"Cosplay 嘉年华"与 Cosplay 首席媒体 C3 时尚动漫网达成全年媒体合作，C3BBS 成为 ChinaJoy Cosplay 首席合作社区。C3 网同时推出"C3 摄影会"，旨在利用影像结合媒体访谈、专题等深度策划形式推广国内外知名或深具潜力的动漫游戏团队或个人。

8 月，香港漫画家童亦名的原创漫画作品《花样梁祝》正式确定与 C3 时尚动漫网达成全媒体包装推广合作。C3 时尚动漫网亦请到"白日公馆"为《花样梁祝》拍摄 Cosplay 平面作品，进行推广宣传。

"世纪诺亚"作品《暴雪世界》Cosplay 惊动美国暴雪公司总部，暴雪嘉年华宣布举办 Cosplay 赛事。这为中国 Cosplay 在国际 Cosplay 界留下了辉煌的一笔。

11 月，黄山推出第二本个人 Cosplay 影集《溯时》。同月，杭州"304"社团、COS 团体"忠义堂"等应邀参加杭州剧院举办的第三届"新星杯 故事型原创漫画大赛颁奖典礼"，并专场演出原创大戏《封神榜》("304")、《哪吒闹海》(忠义堂)。

2010 年　Coser 小小白公布第一本个人同人志《洛幕》以及首本个人作品集《白》。

6 月，《吞镜》出版。此书由漫友文化出品，集结全国最优秀的《长安幻夜》Cosplay 的摄影作品。十夜、天狼、KENN 等知名 Coser 皆有加盟。

8 月，广州"美・萌"社团的资深 Coser——Hyde、Kindi，在动漫节上举行 Cosplay 婚礼，创造了一个 Cosplay 童话。

10 月 23 日，首届上海"盖亚动漫 Cosplay 嘉年华"开幕。此次活动首次邀请到大量网游公司市场部人员到场观摩，提供了一次集各大 COS 道具商和 Coser 与广大游戏动漫公司近距离了解和接触的机会。

11 月,已经在国产原创动漫 Cosplay 平面创意上达成长期战略合作的“白日公馆”与“C3 摄影会”在继《花样梁祝》与《星轨是天上的轨道》之后,再度强强合作,打造在《漫友》连载的热门漫画《博物志》的 Cosplay 作品。

后记

这是一本小书，但我为此付出的时间和精力并不亚于过往任何一本书稿。写稿的过程也充满了诱惑、惊讶和挑战，因为我的研究对象是热衷于扮演自己喜爱人物的青少年群体，他们身着彩凤舞翩跹时只在特定的时空出现，而现实生活中却藏匿在我的周围。那是我并不熟悉的研究对象，是一种只闻其名而不详解其意的文化类型，直至遇到了我的研究生，也是本书的合作者邱天娇童鞋(网络用语，指同学)。她出生于20世纪80年代，从小学起就深爱动漫和卡通，整个初高中时期狂热地潜身于网络虚拟空间，撰写各式各样的“亚”文本，最辉煌的成绩是凭着大量创作积攒起足够的“文化资本”，成为“同人文”写作的“骨灰级”写手。经由她，我一步步接触了学生群体中的Coser和社团，并在江浙沪举办的动漫会展中参与了一些实地考察和访谈，在初步了解了这个群体特殊的语言风格、文本样式、传播方式以及游戏规则之后，才试着对其文化实践展开全面系统的研究。

随着研究的深入，发现身边越来越多的学生其实都是Cosplay Fans，网络伴随着他们的成长，而ACG作品在他们的生活语境中无处不在，因此，当我们谈及“樱桃小丸子”、“名侦探柯南”这些早年的动漫作品时，我还勉强有些熟悉，可进一步讨论“漩涡鸣人”、“夜神月”、“海盗路飞”时，我便成了“被教育者”，成了一名求知欲很强的听众，也深刻体会到米德在《文化与承诺》中提到的“后喻文化”的现实存在。这就使本书的写作过程成为我尝试接近儿女辈不为父母所知的文化和精神生活的一次探险，是自我学习并向后辈学习的一次人生体验。这一过程也让我比以往任何时候都清醒地认识到，如果主流阶层和成人父辈不肯俯首正视如火如荼蔓延在网络和现实双重空间中的青年亚文化实践活动，并报以理解和尊重的态度去体察充盈其间的焦虑、困惑、压抑、抗争以及个性、自信、创造性，就无法理解年轻人的价值观和处世态度，果真如此的话，严重的断裂必将在主流文化和亚文化、父辈和子辈之间产生，而最终真正面向未来、赢得未来的必定是年轻人。

书稿撰写时得到许多年轻朋友的帮助，现已留学日本的南京某高校动漫社社长 Coser 圈圈，多次接受我们的访谈。著名 Coser 十夜、天狼、小小白、河童、黄山、K&A 等也都慷慨地与我们分享了他们从事 COS 文化活动的经验和成果。一些蜚声海内外的 Cosplay 社团，如杭州“304”动漫社团、世纪诺亚、白日公馆、黑天工作室等优秀社团也给予我们的研究很大的方便，在此深表谢意。

如果不是因为从事“新媒介与青年亚文化”课题的研究，我会像大多数人一样，对今日方兴未艾的青年亚文化实践活动置若罔闻，为此，我要衷心地感谢我的研究生朱庆华、汤邀玮、陆国静、沈鸿昌以及邱天娇。正是他们选择了与青年亚文化相关的毕业论文选题，使得我们有机会对青年亚文化现象保持密切的关注，并展开频繁的讨论，从而源源不断地输送给我新的文化养料，让我面对青年文化时不觉得陌生和隔阂，也使自己葆有一颗年轻而快乐的心。

马中红

2011 年冬于独墅湖畔